新疆农业大学农林经济管理学科

中国新疆"天山英才"培养计划项目（项目编号：2022TS

U0582716

新发展格局下
中国农产品贸易动态演变及其
驱动因素研究

张雅茜◎著

RESEARCH ON
THE DYNAMIC EVOLUTION AND DRIVING FACTORS OF
CHINA'S AGRICULTURAL PRODUCT TRADE UNDER
THE NEW DEVELOPMENT PATTERN

经济管理出版社
ECONOMY & MANAGEMENT PUBLISHING HOUSE

图书在版编目（CIP）数据

新发展格局下中国农产品贸易动态演变及其驱动因素研究/张雅茜著 . —北京：经济管理出版社，2023.9

ISBN 978-7-5096-9313-1

Ⅰ.①新…　Ⅱ.①张…　Ⅲ.①农产品贸易—贸易发展—研究—中国　Ⅳ.①F752.652

中国国家版本馆 CIP 数据核字（2023）第 189443 号

组稿编辑：郭　飞
责任编辑：郭　飞
责任印制：黄章平
责任校对：王淑卿

出版发行：经济管理出版社
　　　　　（北京市海淀区北蜂窝 8 号中雅大厦 A 座 11 层　100038）
网　　址：www.E-mp.com.cn
电　　话：（010）51915602
印　　刷：唐山玺诚印务有限公司
经　　销：新华书店
开　　本：720mm×1000mm/16
印　　张：11
字　　数：167 千字
版　　次：2023 年 10 月第 1 版　　2023 年 10 月第 1 次印刷
书　　号：ISBN 978-7-5096-9313-1
定　　价：88.00 元

前　言

中国顺应全球经贸形势变化而提出"双循环"发展战略，农产品贸易是其中重要的一环。然而，目前关于农产品贸易结构研究大多是从全球或区域层面对单一农产品贸易的网络格局、贸易流动效率、潜力及影响因素等进行探讨。结合"双循环"运行机制，以农产品贸易演化历程节点对比分析为基础，探究该格局下中国农产品进出口贸易结构变动的驱动因素和机制，把握中国农产品贸易格局的演化规律，提出新时代中国农产品贸易高质量发展的策略，具有鲜明的理论价值和现实意义。

本书基于新发展格局的时代背景，以加入世界贸易组织（以下简称世贸组织）后中国农产品贸易结构演进历史节点的对比分析为脉络，从贸易网络、贸易规模、区域结构三个维度解构中国农产品贸易演变过程中的影响因素及驱动机制。首先，梳理中国农产品贸易动态演化的历程，通过描述性统计分析测度中国农产品贸易规模、贸易区域结构的阶段性差异和时变性特征。其次，基于社会网络分析方法构建全球农产品贸易网络，从"整体—区域—个体"三个方面分析网络特征，进一步分析了中国在全球农产品贸易网络中的地位变迁。采用 QAP 相关分析和回归分析，明确"双循环"发展阶段下中国农产品贸易网络演化的重要影响因素。再次，基于修正的恒定市场份额模型，分别从贸易规模、贸易结构和贸易竞争力三个方面对中国农产品进出口变动进行双向分解，从动态视角对"双循环"格局下中国农产品进出口规模变动的影响因素进行实证分析。采用多元线性回归方法，识别"双循环"格局阶段与其他阶段中国农产品贸易地区结构演变的驱动因素的差异性。最后，根据表征分析和实证分析结果，提出在新发展格局下优化中国农产品贸易结构的对策建议。

基于以上分析研究，本书得出以下主要结论：

第一，中国农产品贸易呈现明显的阶段性变化，在"双循环"发展新阶段下，中国农产品贸易形成了"大进小出"的格局，贸易逆差有持续拉大趋势。1949年至今，中国农产品贸易演变历程可以划分为计划经济单一出口创汇（1949～1978年）、初步开放探索（1979～1991年）、改革开放加快（1992～2001年）、快速发展（2002～2008年）、平稳发展（2009～2013年）、深度调整（2014～2019年）、"双循环"格局的新发展（2020年至今）七个阶段。重点对2001年加入世贸组织后的农产品贸易规模及区域结构进行分析。从进出口规模来看，新发展格局下中国农产品进出口规模呈持续扩大态势，出口增长趋弱，贸易逆差持续拉大趋势明显，形成了"大进小出"的格局。中国农产品贸易的区域结构演变特征显示：从省际和国家层面来看，东部、中部、西部地区农产品贸易规模的整体差距始终较大，以山东、广东、江苏、上海、福建为主的东部省份在农产品进出口贸易中发挥巨大的作用；从洲际结构来看，进口区域结构由亚洲为主转向拉丁美洲、亚洲、北美洲为主，亚洲出口区域主导位置在下降。

第二，全球农产品贸易网络联系程度加强，且不同阶段中国农产品贸易网络格局的主要影响因素具有差异性。从整体特征来看，全球农产品贸易网络的连通性和互惠性不断增强，网络中心势较高，波动幅度小，存在去中心化趋势。从空间分布来看，全球农产品贸易网络空间呈现"整合—分化—重组"的演变趋势。从行动者特征来看，出入度核心大国稳中有变，出入强度大国地位相对固定，核心贸易国中介地位整体下滑，出口国中心地位竞争激烈。中国在全球农产品贸易网络中的重要性有所提升，出口参与度优于进口参与度，但并非贸易网络的核心，贸易量与影响力并不匹配。中国参与全球农产品贸易网络的影响因素实证结果表明，新发展格局下影响农产品国际贸易网络的主要因素有经济发展水平差异、地理文化差异、政治制度差异等因素，而人口数量差异、农业资源禀赋差异、可持续发展指标差异对农产品贸易网络的影响作用不明显。

第三，从贸易规模变动来看，不同阶段贸易规模、贸易结构以及贸易竞争力对中国农产品进出口变动的作用方式、方向、程度大不相同。新发展格局下结构效应中市场结构效应是进出口规模变动的主要决定性因素，规模效应作为次要决定性因素对出口有显著影响，但是对进口影响不明显。从中国农产品出口的影响因素来看，2002～2018年出口竞争力效应占主导因素，出口结构效应在其他时期是主要决定性因素，尤其是出口结构效应中的市场结构效应所占比重较高。需求规模效应在2002～2008年、2018～2020年这两个时期是影响中国农产品出口的次要决定性因素，而出口竞争力效应在2008～2013年这一时期处于次要决定性因素。从中国农产品进口的影响因素来看，进口竞争力效应是影响中国农产品进口变动的主要决定性因素。供给规模效应除2018～2020年外，其他时期均处于影响中国农产品出口的次要决定性因素，而进口结构效应是影响中国农产品进口变动的重要因素。

第四，中国农产品贸易结构的驱动因素会因国别差异而产生异质性。具体表现为：国内人均GDP、国外人均GDP、出口抵消进口能力、城镇居民可支配收入水平对中国农产品出口具有显著的正向作用，对中国进口农产品具有显著的正向作用。人民币有效汇率对中国农产品出口具有显著的负向作用，对中国进口农产品具有显著的正向作用。外国直接投资对中国农产品出口具有显著的负向作用，对中国进口农产品具有显著的负向作用。平均出口退税率和平均进口关税率对中国农产品贸易地区结构的影响效应不明显，需要进一步考察和验证。

基于以上研究发现，在新发展格局下，要以高水平对外开放赋能中国农产品贸易高质量发展，推进以"一带一路"倡议为契机的农产品贸易往来，构建以创新为核心的农产品贸易增长新动能体系，进一步优化贸易国际市场结构，充分利用好国内国际两个市场、两种资源，争取贸易规则制定话语权，进而加强中国在全球农产品贸易格局中的影响力，促使中国农产品贸易格局不断升级转型。

目　录

第1章 绪论

1.1 研究背景

当前世界进入百年未有之大变局，国际政治经济形势不确定性、不稳定性增强，导致全球经济波动下行，贸易萎缩迹象呈现，全球贸易格局正在发生转变。中国把握全球经济发展节奏，顺势而为，提出深化供给侧结构性改革，充分发挥中国超大规模市场优势和内需潜力，构建以国内循环为主，国内国际双循环相互促进的新经济发展格局[1]。农产品贸易是中国国际贸易的重要组成部分，是保障我国粮食安全、满足国内消费需求转型升级的重要渠道。受国际形势的影响，中国农产品贸易发展也面临前所未有的挑战。站在新的历史方位，立足"双循环"发展格局特性，明确中国农产品贸易格局动态演化特征及其驱动机制，构建顺应新时代要求的中国农产品对外贸易开放新格局，推进农产品贸易高质量发展，已经成为中国经贸研究领域的热点主题。

1.1.1 中国农产品贸易是构建"双循环"新发展格局的重要内容

历史和实践证明，农产品贸易是畅通国内国际循环的排头兵。中国承载了 14 亿人口，是农产品生产和消费大国。首先，国内资源有限，通过农产品贸易保障粮食和重要农产品供给是治国理政的首要任务。其次，中国为全球第一大农产品贸易国，拥有最具潜力和活力的农产品市场，农产品贸易拉动中国经济发展，同时对世界经济发展具有重要的贡献。2001~2022 年，中国农产品贸易总额由 279 亿美元增加到 3343.2 亿美元，增长了约 12 倍，年均增长约为 12.6%。其中，进口额由 118.3 亿美元增至 2360.6 亿美元，年均增长约为 15.3%；出口额由 160.7 亿美元增加到 982.6 亿美元，年均增长约为 9%。实际上，即使受到全球疫情、全球经济衰退、通货膨胀及俄乌冲突等不利影响，中国农产品贸易出口和进口增速比全部商品出口和进口增速高出 5.0 个和 3.1 个百分点。就国内循环来看，国民对农产品消费需求转型升级，不同区域农产品生产结构发生变化，尤其是与肉、蛋、奶等高品质农产品相对应的畜牧业、水产业及特色林果业深化发展，促使农产品贸易步入高质量发展新阶段。可见，中国农产品相对于其他产品表现出良好的发展韧性，在新发展格局中将扮演着重要角色。

1.1.2 "双循环"新发展格局对中国农产品贸易提出新要求

2008 年金融危机冲击全球市场，此后，中国经济转向国内循环为主，即"双循环"新发展格局。在逆全球化浪潮日渐兴起、国际市场持续低迷、国际政治经济格局深度调整的新时代背景下，全球国际贸易供应链问题棘手，全球农产品供需面临失衡风险。对于中国而言，国际农产品外需萎缩，随着消费结构升级，内需不足，农产品进口需求强。因此，在世界进入百年未有之大变局环境下，如果农产品供需结构不调整，中国农产品贸易进出口逆差失衡则会加剧，有可能引发"内外循环"不协调，农业安全风险大、压力大。可见，坚持新发展格局理念是新时代下中国农产品贸易高质量发展的必然选择，新发展格局赋予中国农产品贸易新的战略定位和使命。中国农产品贸易需要面对现实诸多困境，把握国际市场，加强中国农产品供给侧改革，刺激国内需求，从空间维度准确区分国内、国际重心，促使区域协调发展，在"双循环"背景下调整并规划出高质量发展的策略。

1.1.3　新发展格局下中国农产品贸易格局持续深度调整

中国作为发展中大国，农产品生产贸易一直是经济发展的重要组成部分。改革开放以来，中国农产品贸易的功能从出口创汇、发挥优势、调剂余缺变化演进为现阶段满足国内消费结构升级需求。首先，以国内大循环为主体，保障国家粮食安全和重要农产品供给是中国农产品贸易的基本立足点，是中国农业长期坚持的根本战略。其次，从国内发展需求看，我国不仅有全球最具潜力的农产品消费市场，还具有一支不断壮大的中产阶级队伍，除了对农产品数量提出要求，更加需要多样化、个性化、品质化的农产品食品供应，中国农产品进口格局将发生新需求结构调整。最后，从国际发展需求看，大力实施乡村振兴战略，深入推动绿色发展和高质量发展，也需要更加充分地利用国际资源，并让更多的优势农业产品、技术服务和产能走出去，以促使国内农业生产要素进行深度调整和整合，提升农业发展的质量和效益，促进农民增收，中国农产品出口格局也将转向新的态势[2]。但是，自 2008 年尤其是 2018 年以来，全球农产品贸易格局形势持续趋紧，中国农产品贸易结构失衡迹象明显。中国农产品贸易由出口为主转为进口为主的格局，进口来源地高度集中问题突出，导致农产品出口外循环结构"失衡"，内外循环衔接"失调"。因此，中国农产品贸易格局需要坚持新发展格局理念，加快结构深度调整，促进中国农产品贸易格局优化升级。

1.2 研究意义

不同经济发展阶段下的国际农产品贸易格局演化内在机制一直是国际贸易学术界重要研究主题。结合百年未有之大变局的国际农产品贸易形势，构建新发展格局理念下中国农产品贸易高质量发展的新格局则是当前既具有鲜明时代现实研究意义，又具有较强学术研究价值的研究热点。

1.2.1 现实意义

农产品贸易是畅通国内国际循环的排头兵，是关系到中国粮食安全、可持续发展的命脉根基。在构建新发展格局的时代背景下，农产品贸易格局已然发生巨大的转变，明确中国农产品贸易格局时空特征及影响机制是新形势下，进一步优化农产品贸易结构，促进农产品贸易高质量发展，有效保障我国农产品供给安全的重要的现实课题。本书根据中国农产品贸易的发展历程，从贸易网络、贸易规模、市场结构等多个维度梳理总结中国农产品贸易动态演变的空间网络、规模、结构等特征，对比分析不同历史阶段中国农产品贸易演变的关键影响因素，研判未来中国农产品贸易格局发展趋势，提出促进贸易格局优化的路径和保障措施，可以为国家充分利用好两个市场资源，有效保障国民农产品供给，提升农产品出口竞争力，平衡进出口结构，促进中国农产品贸易高质量发展提供决策依据。

1.2.2 理论意义

"双循环"新格局引领中国农产品贸易新发展。要科学解答新发展格局下中国农产品贸易动态演变特征、驱动因素，需要建立一个新发展格局下中国农产品贸易结构演变机制理论框架。本书通过识别不同历史发展阶段下我国农产品贸易格局变化的主要驱动因素，并结合"双循环"经济发展格局特征，在国际贸易理论框架基础上，将代表"双循环"经济格局特征的诸如粮食安全、国内需求、贸易摩擦、全球疫情、技术进步等变量纳入到理论分析框架中，构建农产品贸易动态演变的影响机制理论分析框架。根据中国农产品贸易的现状及特征，借助恒定市场份额模型等方法，对农产品贸易流量和区域结构进行分析，对中国农产品贸易动态演变及驱动因素等展开实证研究，进而把握影响中国农产品贸易格局动态演变及其趋势的一般规律。该理论分析框架及其实证分析能够为我国农产品贸易相关政策的调整提供理论和事实依据，因此本书具有较强的学术研究价值。

1.3 国内外研究动态

1.3.1 "双循环"背景下的农产品贸易

学者们对于"双循环"背景下的农产品贸易研究多是定性研究，研究内容主要涉及"双循环"背景下农产品贸易或粮食安全的现状、风险及对策建议等。佟光霁等从国内和国际两个方面，分析了粮食供给的现状、挑战及保障路径[3]。朱晶等重点研究了粮食安全领域的"双循环"战略定位，认为新发展格局下，畅通"双循环"是掌握粮食安全主动权的关键[4]。翟允瑞分析了中俄农产品贸易现状、风险并提出"双循环"背景下两国未来农产品贸易开展的对策[5]。梁远等针对现阶段我国农产品贸易发展中存在的困境，提出了构建"双循环"格局下的纾解路径[6]。李殿云基于"双循环"新发展格局分析了安徽省农产品贸易高质量发展的着手点[7]。采用定量方法进行实证研究的文献寥寥，王俊基于

"双循环"视角，选取中国与 21 个 FTA 伙伴国，验证了国际规则协同有助于中国农产品贸易逆差改善[8]。以上学者从理论和现实层面研究，为进一步揭示"双循环"背景下中国农产品贸易演变的机制研究提供了借鉴基础。

1.3.2　贸易网络相关研究

1.3.2.1　国际贸易网络相关研究

运用网络方法描述全球范围内的各个国家之间进出口关系，所组成的贸易网络为国际贸易网络，该网络属于典型的社会网络，因此，依据社会网络分析方法能够全面地反映一国在全球贸易网络中的特征、地位变化及演化趋势[9]。通过构建贸易网络，可以考察网络拓扑结构特征。对于贸易网络的构建主要分为无权无向的二值网络和考虑贸易流量和流向的加权有向网络，两者具有不同的统计特性[10-12]。早期研究多构建简化的二值网络（0 和 1，0 表示节点间没有贸易网络，1 表示有贸易网络）从单个年份对贸易网络进行静态分析，如 Snyder 和 Kick 构建无权贸易网络分析了 1965 年 118 个国家的核心边缘结构[13]。Wilhite 认为不同贸易网络中存在"小世界"网络，并且助推了商品的自由交换[14]。Li 等对设定条件下 179 个国家所组成的全球贸易网络进行了出度与入度分布研究[15]。相对来说，有权有向网络对全球贸易网络的描述更完整[16]。因此，大量的研究考虑贸易量且从动态视角刻画全球贸易网络演变规律，Fagiolo 等构建 1981~2000 年的残差贸易网络模型，比较加权与无权网络动态演化中的区别，并深入探究不同网络指标的演变规律，研究证实了贸易网络中"核心—边缘"结构特征的存在，得出发达国家联系稳固且处于核心位置，发展中国家则联系薄弱，多处于边缘区域[17-19]。刘宝全、段文奇等通过网络指标测度了 1950~2000 年全球贸易网络拓扑结构特征的演化规律，发现 50 年变迁使得无标度特性发生变化[20,21]。赵国钦和万方基于 1995~2013 年世界双边贸易总额，构建世界贸易网络，研究得出，世界贸易网络虽日趋紧密，但仍存在负向匹配和"富人俱乐部"现象[22]。Freddy 等通过对 1995~2014 年的世界贸易网络进行研究，发现整体贸易联系分布均匀，呈现相互依存、日益密集的网络特征，但少数国家贸易强度较大[23]。刘志高等采用社会网络分析法，选取 1980~2018 年的世界贸易数据，揭示了世界贸易网络的中长期演变趋势[24]。

学术界采用社会网络分析法对贸易网络的研究主要涉及区域内贸易网络、产业或产品内贸易网络、网络形成机制和影响因素。其中，区域内贸易网络研究包含了亚太、欧盟、"一带一路"区域、东盟等；产业或产品内贸易网络研究具体涵盖了全行业、能源矿产业、农产品、高端制造业等诸多行业。值得注意的是，诸多研究关注阶段性、区域性、行业性贸易网络结构特征演化及对比分析。Zhang 分析了 2002~2017 年非洲内部贸易网络结构特点及其演化[25]。Chen 探究了 2005~2016 年 "一带一路" 沿线国家贸易网络的结构和特点[26]。陈银飞重点分析了 2000~2009 年世界贸易格局及其在次贷危机前后的变化，研究表明 2008 年前后发达国家和新兴经济体国家贸易地位变化方向互替[27]。Reyes J 对比分析了东亚与拉丁美洲的贸易网络演化[28]。Andrés 等通过对比分析 20 世纪 90 年代中期与近年来不同类型商品的全球贸易网络，发现全球化发展增强了各国之间贸易的联系程度，如网络密度、互惠程度及集聚性，中国在国际贸易中逐渐崛起的表现尤为突出[29]。由此不难发现，21 世纪以来，世界贸易网络发生了重大变化，多有学者深入探讨网络的形成机制和影响因素。马述忠等通过实证分析表明，农产品贸易网络对全球价值链分工具有推动作用[30]。高明宇等研究表明，中国贸易网络特征对人民币国际化发挥正向的推动作用，并建议持续优化贸易网络特征，提升中国在全球贸易网络中的影响力[31]。孙浦阳等从微观层面分析发现：贸易网络促进了企业对外投资行为[32]。这些研究结果更能突出贸易网络特征分析的重要性。从因变量的角度分析，贸易网络演变同时也受多重因素的影响。Garlaschelli 和 Loffredo[33,34]、Almog[35] 均将驱动贸易网络形成的重要因素指向以 GDP 为基础的引力模型。Fagiolo[18]、Baskaran 等[36]、Ruzzenenti 等[37]、Benedictis 等[38] 认为除了 GDP 以外，还有国家规模、地理距离、RTA、边境效应、要素资源禀赋差异、信息联系等因素，这些因素在国际贸易网络中起到了决定性作用。也有学者从人文角度探讨了国际移民与贸易网络的关系[39-41]，实证表明，移民关系确实会通过信息效应促进国际贸易，大多数国内学者则侧重于分析华侨网络对中国对外贸易的影响[42-44]。然而，时代背景变化过程中，传统引力模型的相关影响因素并不能完全解释现有贸易网络变化，在这个推陈出新的进程中，新要素不断涌现。陈银飞、Kali、冯小兵等分析了金融危机对国际贸易网络的影响[27,45,46]。Zhu 探讨了中国崛起对世界贸易网络的影响[47]。张勤和李海勇探究了中国在国际贸易体系中角色和地位的变化[48]。刘志高等通过对世界贸易发展的三大历史阶段特征进行考察，研究表明，重大的世界政治经济事件、技术进步、2008 年金融危机、跨区域型贸易协定（TTIP、TPP、"一带一路"倡议等）的提出都对贸易格局具有深刻的影响，尤其强调了 2008 年以来，中国在世界贸易网络中的地位迅速上升[24]。俄乌冲突破坏了对俄罗斯和乌克兰有农产品进口依赖的包括中国、土耳其、印度、埃及等国家贸易网络系统[49]。总体来说，对国际贸易网络产生重要影响的因素有 GDP、国家人口数量、边境毗邻、贸易协议、要素禀赋、文化差异、金融危机、地理距离、俄乌冲突等。同时，有学者关注贸易网络变化背后的驱动机制分析，Smith 探讨了 1966~1980 年世界贸易网络结构变化及其动力机制[50]；杨文龙等分析了中国地缘经济联系的时空演化特征及其内部机制[51]。

1.3.2.2 农产品贸易网络相关研究

农产品贸易网络是国际贸易网络研究的主题之一。多有学者采用复杂网络或社会网络分析方法构建各类农产品贸易网络，研究角度包括全球和区域，其中，国内学者侧重于"一带一路"沿线区域。部分学者从农产品整体贸易网络层面展开研究，如马述忠等选取中心性、联系强度、异质性 3 个特征以刻画 1996~2013 年国家农产品贸易网络[30]。王祥等基于联合国粮农组织贸易数据，对六大类农产品进行复杂网络特征分析[52]。崔莉[53]、詹森华[54]、魏素豪[55]、王璐等[56]、张莲燕和朱再清[57]、苏昕和张辉[58] 将"一带一路"沿线国家作为主要研究对象，节选不同时间范围，分析其农产品贸易网络的结构特征。粮食贸易一直是备受关注的热点问题，和聪贤和李秀香基于 1996~2018 年世界各国粮食贸易数据，分析了世界粮食贸易网络演变特征以及中国贸易地位变迁[59]。聂常乐等对 2000~2018 年全球 231 个国家的粮食贸易网络的演化特征进行了分析，并探讨了自然、经济、文化、政治等因素在贸易网络格局演变中所起的作用[60]。陈艺文和李二玲[61]、韩冬和李光泗[62] 在分析"一带一路"沿线粮食贸易网络格局特征的基础上，进一步深入探讨了其演化机制。颜志军等[63]、周墨竹和王介勇[64] 分别分析了全球小麦、稻米贸易网络特征和演化规律。杨焕璐等[65]、卢昱嘉等[66]、和聪贤[67] 对全球大豆贸易网络特征进行分析，并探讨其影响机制。李天祥等在分析全球猪肉贸易格局的基础上重点探讨了中国进口的选择方向[68]。还有部分学者对水果产品贸易网络进行研究，苏珊珊和霍学喜[69]、奎国秀和祁春节[70] 分别对全球苹果、柑橘贸易网络特征和中国地位变迁状况进行了分析。

针对网络视角下的农产品贸易网络演变的影响机制研究，主要分为两个层次：被动影响和主动影响。农产品贸易网络特征既可以充当解释变量，也可以作为被解释变量。本书关注农产品贸易网络在被动层面的影响机制研究，即农产品贸易网络形成及演变的驱动机制。乔长涛等通过考察二元层面资源禀赋差异与体系层面结构差异对农产品贸易的影响，得出资源禀赋差异和结构对等性在中国农产品贸易中均发挥着重要的决定性作用[71]。陈艺文和李二玲搭建包含资源禀赋、经济环境、文化认同和政治博弈在内的菱形框架，认为四个因素对"一带一路"国家粮食贸易网络演化共同发挥作用，且不同阶段发挥不同作用[61]。韩冬和李光泗以"一带一路"倡议提出前后沿线国家和地区粮食贸易数据为基础，采用社会网络分析法探究与沿线粮食贸易网络演变相关的重要因素，研究发现，影响国家间贸易格局的主要因素有地理距离、文化、贸易协定关系、汇率、水资源、经济体量以及制度[62]。和聪贤采用 ERGM 方法将大豆贸易网络演变的内生机制和外生机制纳入实证分析，较全面地分析了自组织结构机制、行动者属性机制与外生网络机制[67]。此外，一国在全球贸易网络中的地位是各国关注的重点，和聪贤和李秀香在全面分析世界粮食贸易网络特征的基础上，拓展分析了中国在贸易网络中的地位变迁[59]。韩冬等探讨了中国在"一带一路"区域粮食贸易网络中的重要性，得出虽然中国非贸易网络的核心，但是中国在粮食贸易网络中的影响力有所提升[72]。王晓卓更深一步对全球棉花贸易网络地位提升的影响因素进行研究，并得出，贸易协定缔结、政治距离以及进口国棉花网络地位通过作用机制，最终显著提升出口国在棉花贸易网络中的地位[73]。总之，关于农产品贸易网络演变规律及结构特征的研究已由静态转变为动态研究。目前，学者们多选取某个时间阶段，或以国际重要经济事件时间节点为分界点，进行前后对比分析。实际上，全球经济发展过程中，纵观整个农产品贸易网络演变脉络是一个动态的长期尺度研究，存在阶段性规律，网络格局的变化背后潜在的驱动因素也在随时间推移推陈出新。但目前国内外的研究多为短期尺度，中长期尺度研究亟须更新，而究其影响因素，研究多选取传统的引力模型的因素，对农产品贸易整个演化过程中新发展格局中隐含的因素有所忽略。本书将纳入"双循环"相关的影响因素，深入探讨农产品贸易网络演变的驱动机制。

1.3.3　农产品贸易格局演化特征分析

贸易广度、强度、质量及贸易对象分布均是反映一国贸易发展的重要内容[74]。学者们多运用统计指标，选择不同的贸易主体，从贸易规模、地理结构、商品结构等方面对农产品贸易特征进行分析。

1.3.3.1　农产品贸易规模演化特征的分析

近年来，世界贸易格局发生了从多边强式竞争到联盟弱式垄断的变化[75]。人口密度相对于农业生产和自然资源分布的变化加快了全球国际农产品贸易格局调整[76]。2000 年以来，全球粮食出口规模增长 67%，重要农产品的产量和贸易规模均快速增长，而生产和消费中心也在随着时间的推移发生位移，同时联动上游、下游相关产业转移，进而带动贸易流向转变，由此表明，全球农产品贸易格局正处于调整期[2]。封志明等对 1961～2006 年全球粮食贸易时空格局和区域差异进行定量分析后，发现全球粮食贸易格局无论是时空分布还是地域格局都有了显著改变[77]。具体到中国农产品贸易格局的研究。以比较优势为贸易往来的基础，众多学者长期关注贸易互补性、竞争性和贸易潜力等方面的特征分析。如朱晶和陈晓艳[78]、孙致陆和李先德[79] 选取中国和印度两个人口大国为研究对象，何敏等[80]、别诗杰和祁春节[81]、谢逢洁等[82] 重点研究中国与"一带一路"沿线国家，此外还有中国和东盟、中澳两国、中国与 RCEP 成员国等研究范围[83-86]。中国农产品贸易规模不断扩大的同时逆差格局的逐步形成并呈扩大趋势。中国农业农村部数据显示，自 2004 年以来，中国粮食连续 16 年出现贸易逆差，并处于持续扩大状态。2016～2019 年中国农产品进口金额分别为 7749.13 亿元、8317.66 亿元、9480.54 亿元、10609.41 亿元。"十三五"时期农产品进口额增长了 35.3%，贸易逆差增长了 86.3%。屈小博和霍学喜通过对 2000～2005 年的农产品出口结构分析，并通过比较优势指数、贸易竞争力指数及国际市场份额分析得出我国农产品出口处于竞争劣势位置[87]。随着农产品进口的增加，我国已成为世界最大的农产品进口国。毛凤霞和冯宗宪[88]、张雨晨[89]、何婧华[90]分析了目前我国农产品进出口规模失衡的现状，并且从内部和外部两方面对产生这一问题的原因进行了深刻剖析，认为我国农产品竞争力下降是造成农产品贸易逆差格局的内因，农产品贸易环境恶化是外部原因。此外，还有部分原因是中国经济发展水平提高，居民收入增长必然会提高食品的消费品质，拉动多元化、高品质的农产品进口需求，这也意味着中国农产品贸易逆差进一步扩大[91]。

1.3.3.2 农产品贸易商品结构演化特征的分析

加入 WTO 是中国农产品国际贸易的重要转折点，进入统一的国际大市场后，畜产品、水果、蔬菜等劳动密集型农产品具有生产比较优势，粮食、糖料、棉花等耕地密集型农产品在生产成本上不具比较优势[92]。在高度开放的贸易环境下，中国农产品贸易特征的改变已经体现出国内生产和市场体系不能适应消费快速转型，且消费转向进口[93-94]。当前，中国对水果、猪肉、牛羊肉、奶制品和加工食品等具有劳动密集和高附加值特征的农产品进口快速增长[95]。中国出口的农产品多属于自然禀赋优势或者机械替代率较低的劳动密集型，如蔬菜、水果、水产品等，近年来在国际市场上具有比较优势的农产品品类减少，竞争力明显趋弱[96]。

1.3.3.3 农产品贸易市场结构演化特征的分析

陈恭军和田维明以亚洲为研究区域，通过分析1965~2006年亚洲区域农产品贸易结构，发现近50年亚洲各地区由于其地理区位邻近、需求偏好相似等因素进一步稳固了农产品进出口贸易在亚洲区域内、相邻地区集中的趋势[97]。宗会明和郑丽丽在梳理2001~2015年中国与东南亚国家贸易演变历程的基础上，采用HM指数对其依赖程度进行了深入分析[98]。赵蕾等则从中国与南亚的贸易现状入手，同样运用HM指数对中国与南亚国家的贸易相互依赖程度进行测算[99]。孙东升等通过指数测算分析，认为中美贸易摩擦使得中国农产品进口转移，美国出口部分转移[100]。

1.3.4 农产品贸易影响因素分析

农产品贸易影响因素的探索研究，一直是学者们关注的重点。农产品贸易格局演变过程中，影响因素逐渐增加，不同时间段影响因素对农产品贸易产生不同程度的作用。

1.3.4.1 国际贸易的影响因素分析

Bergstrand引入人均收入这一变量，得到显著的影响效果[101]。Brada采用引力模型测算了区域经济一体化对成员国的贸易影响[102]。曹宏成通过对中国与34

个贸易伙伴 2005 年的贸易流量进行分析，实证表明主要影响因素是双边经济规模、地理距离和制度安排[103]。研究对象逐步由双边向区域扩展。如东盟区域，姜书竹和张旭昆基于东盟 6 国 2002 年的进出口贸易数据，研究得出 GDP、距离影响作用显著，区域经济一体化也对东盟贸易产生正向影响，在此基础上，进一步估计了中国与东盟的贸易潜力[104]。单文婷和杨捷依据中国和东盟 2000~2004 年的面板数据，继续添加了华人人口和通用华语等变量，采用扩展引力模型进行实证分析[105]。

1.3.4.2 农产品贸易规模变动的影响因素分析

关于农产品贸易规模变动的影响因素研究，既有研究视角主要表现在以下几个方面：第一，农产品产业内贸易规模变动的影响因素研究。Katrakilidis 基于自回归分布滞后模型研究指出价格支持机制是欧盟成员国内部农产品产业内贸易规模扩大的主要驱动因素[106]；Wang 实证研究指出人均收入和地理距离差异对中国与贸易伙伴国农产品产业内贸易规模扩大有负面影响，而文化相似性则对产业内贸易有正向影响[107]；刘雪娇运用简单的面板回归模型研究发现市场规模、贸易开放度、对外直接投资额对中国与金砖国家农产品产业内贸易规模有促进作用，而人均收入差异、贸易距离则抑制了农产品产业内贸易规模[108]；耿仲钟和肖海峰通过面板回归模型研究得出人均收入差距是促进中国与南亚农产品产业内贸易规模扩大的主要影响因素，而贸易不平衡则会对产业内贸易规模扩大产生负面效应[109]；齐晓辉和刘亿也基于面板固定效应模型研究发现市场规模对中国与中亚国家农产品产业内贸易规模有促进作用，而贸易不平衡程度、人均收入水平差异和对外直接投资则抑制了农产品产业内贸易规模[110]；恩和和苏日古嘎同样基于面板回归模型实证发现地理距离对中国与东北亚国家农产品产业内贸易规模显著的抑制效应[111]；李珊珊等运用扩展的引力模型研究得出地理距离、人口规模、人均耕地面积等是中国与东盟国家农产品产业内贸易规模变动的主要影响因素[112]；李豫新和王昱心则利用 Tobit 模型研究发现市场规模有利于中国与"一带一路"沿线国家农产品产业内贸易规模扩大，而境外直接投资、居民收入差异与贸易不平衡程度等因素则对产业内贸易规模表现为抑制作用[113]；孙致陆等结合Tobit模型与面板随机效应模型，研究发现相对经济规模、产品差异度、自由贸易协定签署等对中国与"一带一路"沿线国家农产品产业内贸易规模有正向影响，贸易距离和贸易不均衡则呈现显著的负向影响[114]；王瑞和王丽萍基于贸易引力模型，分析了我国1992~2009年的农产品贸易流量，发现人口规模、经济规模、加入世贸组织和亚太经合组织具有正向驱动作用，而距离、人均收入差异、金融危机存在负面影响[115]。

第二，特定区域农产品贸易规模的影响因素研究。王元彬和郑学党利用恒定市场份额模型重点分析了中韩农产品贸易增长的主要因素[116]。刘春鹏和肖海峰基于CMS模型对中国与中东欧16国的农产品贸易增长进行测度，发现两国的市场需求是影响彼此间农产品贸易的重要因素[117]。郭延景和肖海峰则关注"一带一路"背景下上合组织成员国农产品贸易波动的影响因素研究[118]。赵雨霖和林光华、姚辉斌和彭新宇对中国和东盟10国2000~2006年的农产品贸易流量进行分析，得出GDP总量、人口数量、空间距离和制度安排是主要影响因素，而且双边农产品贸易发展潜力巨大[119,120]。贸易环境一直是影响国际贸易的重要因素[121]。姚辉斌和彭新宇采用引力模型实证分析了"一带一路"沿线国家制度环境对中国农产品出口贸易的影响[120]。崔鑫生等从省域层面考察了贸易便利化对中国农产品贸易的影响，发现其具有显著的促进作用[122]。原瑞玲和田志宏则认为中国—东盟自贸区实施对双边农产品进口贸易具有明显的推动作用[123]。房悦等发现贸易便利化水平对全球农产品贸易具有促进作用，且进口国促进作用大于出口国，其中，边境管理水平提升、基础设施水平和商业环境的改善也发挥促进作用[124]，曾华盛和谭砚文认为中国自贸区建立对中国与自由贸易区伙伴国农产品贸易具有促进作用[125]。随着《区域全面经济伙伴关系协定》的签订，研究热度逐渐升温。丁一兵和冯子璇对近10年中国同RCEP其他成员国农产品贸易进行实证分析，研究表明，经济规模、距离、人口数量、是否加入 WTO 等因素是主要影响因素[126]。钱静斐等运用一般均衡模型量化模拟 RCEP 协定实施对中国农业的影响[127]。陈耸和向洪金应用 GSIM 模型考察了 RCEP 对全球农产品贸易的影响，认为 RCEP 对不同的成员国具有贸易创造效应和贸易破坏效应[128]。

第三，单独探究农产品出口贸易规模变动或农产品进口贸易规模变动的影响因素。一是关于农产品出口贸易规模变动的影响因素研究。出口额是一国国际贸易发展的能力体现，对经济增长具有重要的拉动作用。孙林表明需求因素是影响我国对东盟的农产品出口额波动的主要因素[129]；李岳云等对比分析"入世"前后，发现我国农产品出口规模增长对世界农产品进出口总额增长依赖性增强，同时农产品竞争力减弱造成抑制作用突出[130]；高道明和田志宏运用恒定市场份额模型研究发现世界市场需求扩张是拉动中国农产品出口贸易规模增长的主导因素，竞争力因素对农产品出口规模增长也存在积极效果[131]；Jin 运用 CMS 模型研究指出产品结构效应促进了中国对日本的农产品出口贸易规模，而产品竞争效应促进了中国对韩国的农产品出口贸易规模[132]；丁世豪和何树全实证研究指出地理距离显著抑制了中国对中亚国家的农产品出口贸易规模，而中亚五国的市场需求规模显著促进了中国的农产品出口贸易规模[133]；李睿楠等运用引力模型研究认为金砖国家 GDP、人口数量和经济自由度的提升是促进中国对金砖国家农产品出口贸易规模的主要影响因素[134]；而张国梅和宗义湘则基于 CMS 模型研究发现金砖国家农产品进口需求是影响中国对金砖国家农产品出口规模的主要因素[135]；Sun 等运用 CMS 模型研究发现竞争力效应在促进中国农产品对上海合作组织（以下简称上合组织）成员国出口贸易规模增长方面起着重要作用，而结构变化效应则表现出抑制作用[136]；魏巍和于子超也基于 CMS 模型研究指出中国对中亚五国农产品出口贸易规模波动的影响因素主要是竞争效应[137]。二是关于农产品进口贸易规模变动的影响因素研究。中国大规模进口农产品已是大势所趋，而适度进口势在必行。房悦和李先德通过分析中国从中亚进口农产品的贸易边际，认为地理距离和加入上合组织对扩展边际有正向影响，中国对外投资存量与中亚五国农业生产效率的交互项对市场份额和价格边际有显著正向作用[138]；徐芬基于三元分解方法研究指出数量边际是影响中国农产品进口贸易规模增长的最主要因素[139]；曹芳芳等基于时变随机前沿引力模型研究发现人均 GDP、人口规模对中国进口拉丁美洲农产品规模有正向影响，而地理距离和汇率则表现出负向影响[140]；周勇等利用 DID 模型研究指出贸易政策不确定性下降对中国农产品进口贸易规模有正向影响[141]；Mwangi 和 Esther 基于引力模型研究得出 GDP、耕地禀赋、区域贸易协议成员资格、文化邻近程度、通货膨胀以及治理质量等因素对撒哈拉以南非洲的农产品进口贸易规模有积极影响[142]。

第四，具体类别农产品贸易规模变动的影响因素研究。Uzunoz 研究认为国内价格、人均 GDP、汇率等因素是影响土耳其小麦进口贸易规模的主要因素[143]；余鲁和范秀荣运用 CMS 模型研究发现世界畜产品市场需求是影响中国畜产品出口贸易规模的主要因素[144]；王新华和周聪研究指出粮食出口控制措施、汇率、人均粮食产量等是抑制中国粮食出口规模的主要因素，同时王锐研究发现国际粮食价格、国内粮食价格以及汇率是中国粮食进口规模的主要影响因素[145,146]；Adhikari 等运用 OLS 估计法研究指出大米的国际价格、汇率等因素是决定印度大米出口贸易规模的关键因素[147]；Bui 则运用引力模型研究指出 GDP、大米价格、人口和汇率等是影响越南大米出口贸易规模变动的主要因素[148]；Cao 运用 CMS 模型研究发现竞争力效应是中国林产品出口贸易规模增长的最主要因素，市场需求规模效应与产品结构效应的影响相对较小[149]；Meng 运用传统 CMS 模型研究了不同阶段中国对泰国水产品出口增长的影响因素，发现泰国水产品进口需求规模的增加是促进中国水产品出口规模扩张的最重要因素，中国水产品出口竞争力的提高对双边贸易影响不大[150]；王如玉和肖海峰基于三元边际联立方程模型研究认为，通过价格边际实现人均收入水平的提升是中国草食畜产品进口贸易规模增加的主要因素[151]。

1.3.5　研究述评

目前关于中国农产品贸易格局演变虽然已经积累了较多的研究成果，但是多数研究的空间区域都是基于某一区域视角进行探讨，由于受研究方法及研究视角等所限，认识尚不够全面深入。尤其是研究时限主要是在党的十九大之前，而在新形势下，立足"双循环"新发展格局，中国农产品贸易时空格局已经发生了新的变化，呈现出新的动力机制。因此，本书在前人研究的基础上，基于全球国际经济贸易新形势，立足中国经济新发展格局，研究中国农产品贸易动态演化的特征及影响机制。

纵览国内外相关文献，国外学者基于农产品贸易主体，结合理论模型构建、计量模型设计及贸易数据采集，从理论视角和实证视角对农产品贸易影响因素进行了全面深入的研究，而国内学者对农产品贸易的研究层次也在逐渐加深。已有代表性的研究大多侧重于农产品贸易的现状、特征、波动原因、存在问题及影响因素等方面。国内外充裕的研究成果为我们认识和理解中国农产品贸易发展格局提供了大量的知识储备。但现有研究在以下三个方面还存在进一步完善的空间。

第一，在研究视角上，既有研究主要从传统因素以及政策等方面探讨农产品贸易动态演变的影响因素，而针对阶段特征全面系统的分析影响因素的研究还比较缺乏。在"双循环"发展战略背景下，综合考虑中国农产品贸易发展的历程、阶段性特征，首先需要对中国农产品贸易发展的历程进行历史阶段划分，分析农产品贸易周期的阶段性差异和时变性特征，对比分析不同阶段特征差异。在演变过程中，构建影响因素框架，分析不同影响因素对不同阶段农产品贸易所起作用的影响程度，并探讨不同驱动因素间的区别与联系等，挖掘中国农产品贸易动态演变的关键因素。从而把握农产品贸易"双循环"平稳发展的主动权和发展方向。而现有的文献重点关注农产品贸易的影响因素的显著效应、正负作用，从动态视角比较不同影响因素对不同阶段的影响程度的研究相对较少。显然，针对这一主题，既有研究的不足与缺乏，难以为决策部门提供科学而系统的参考依据。

第二，在分析框架上，目前国内关于新发展格局下农产品贸易动态演变及影响因素的研究，还缺乏系统的理论研判，未能建立严谨的驱动因素和机制分析框架。换而言之，现有的研究对农产品贸易的研究是对发展过程的梳理和影响分析，过多地依赖于单纯的关于农产品贸易特征描述和影响因素的实证结果，缺少新形势下"双循环"发展战略与农产品贸易动态演变相结合的内在逻辑和理论机制研究。若要科学理解"双循环"新发展格局下中国农产品贸易动态演变及内生机制，就必须先厘清"双循环"发展战略含义与农产品贸易发展的联结机制，从而洞察中国农产品贸易演变的规律，科学测度中国农产品贸易的动态变迁，分析不同历史阶段影响因素的差异化，为推进中国农产品贸易转型升级提供一个更具解释力的分析框架。

第三，在研究内容上，既有文献仅仅关注国际贸易相关的理论与实证研究，主要停留在农产品贸易现状、特征及影响因素的分析上，未对中国农产品贸易伙伴国划分整体、区域、个体的考察，对农产品贸易发展的驱动因素与制约因素缺乏全面深入的剖析与探讨，缺乏现实背景下系统的理论分析框架与逻辑判断。既有研究成果不能全面客观地勾勒出"双循环"发展战略下中国农产品贸易时空演变及形成机制的逻辑，更是很难看到有学者将中国农产品贸易时空格局、特征、影响机制纳入同一框架体系内进行深入探讨，鲜有利用或者建立恰当的计量模型对农产品贸易时空格局演变及驱动机制进行细致研究，也缺乏对其发展趋势的系统研究，由此导致难以给出有效的推动政策。本书将进一步对农产品贸易时空格局特征及驱动机制进行深化剖析；同时构建中国农产品贸易时空格局演变多元机制分析框架，对逻辑分析体系、测度指标体系及方法支撑体系进行综合研究。

1.4 研究目标、内容与拟解决的关键问题

1.4.1 研究目标

以国内大循环为主体，畅通国内国际双循环，将成为我国农业领域长期坚持的根本战略，以此为基本立足点为我国未来的粮食安全和重要农产品提供基本保障。本书的根本研究目标是基于世界百年未有之大变局的新形势，立足中国经济新发展格局，探究新发展格局下中国农产品贸易动态演变的驱动机制。新形势下，加快形成中国农业发展新格局，重在循环畅通，利用国际市场提供前所未有的机遇，促进农业贸易高质量发展。而为了完成这个主要目标，研究重点要完成以下五个具体研究目标：①构建"双循环"新发展格局下中国农产品贸易动态演变驱动机制和影响因素的理论分析框架；②回顾改革开放以来中国农产品贸易的历史演变进程，根据时变阶段性进行动态演变的表征分析；③全面把脉全球农产品贸易网络空间结构特征，并剖析中国农产品贸易网络特征，实证分析中国参与全球农产品贸易网络的影响因素和驱动效应；④基于实证分析，识别影响中国农产品贸易规模变动和区域结构演变的关键驱动因素和效应；⑤提出新发展格局下中国农产品贸易高质量发展的治理优化路径与政策启示。

1.4.2 研究内容

按照"演化特征—演化机制理论框架构建—演化机制的实证—演化趋势判定—对策建议"的研究范式，遵循"时空格局分析—影响因素提炼—演变机制揭示—优化对策研究"的研究主线，综合应用统计定量分析、社会网络分析、

QAP 模型、修正的 CMS 模型等技术研究方法，进行规范分析和实证研究。具体研究内容包括：

研究内容一：构建"双循环"经济发展格局下中国农产品贸易动态演变机制的理论分析框架。基于国际贸易理论，界定新发展格局的特征变量，将粮食保障力、国内需求拉动力、贸易摩擦、农产品国际竞争力、农业技术进步、贸易高质量发展水平、关税、贸易协定等关键变量纳入贸易动态演变机制的理论分析框架，进而构建中国参与全球农产品贸易网络演进的动力机制、"双循环"背景下中国农产品贸易规模演变机制、"双循环"背景下中国农产品贸易区域结构演变机制三个层面的理论分析框架。

研究内容二：中国农产品贸易动态演变的特征分析。运用文献分析法和归纳演绎法，并追溯中国农产品贸易发展历程，以重大历史事件为节点，将改革开放以来农产品贸易发展史划分为 7 个阶段。在此基础上，根据 UN Comtrade 数据库 2002~2022 年农产品的国际贸易数据以及历年《中国农产品贸易报告》数据，采用统计定量分析方法，对农产品贸易规模、区域结构的演变特征进行总体分析。

研究内容三：新发展格局下中国农产品贸易网络动态演变的特征分析。首先，运用时间序列的全球农产品贸易关系数据，采用社会网络分析方法，构建全球农产品贸易网络结构图，动态分析农产品贸易空间网络的结构与演化特征。基于"全球—区域—国家"三个层面，结合 Ucinet 软件，测算网络密度、平均路径长度、聚类系数等指标，分析贸易网络的整体演变特征；通过三个中心度的测算分析节点的个体特征动态演变情况；借助 Gephi、ArcGIS 软件，分析农产品贸易空间分布格局演化趋势。其次，分析中国在全球农产品贸易网络中的地位变化情况。

研究内容四：中国农产品贸易格局动态演进的驱动因素的实证研究。首先，从资源禀赋、经济因素、文化因素、政治因素、其他因素等方面分析中国参与全球农产品贸易网络动态演进的驱动因素。其次，采用修正的 CMS 模型，从贸易规模、贸易结构和贸易竞争力三个方面分别对中国农产品进口变动、中国农产品贸易出口变动进行双向分解，划分不同时段对中国农产品进出口变动的影响因素进行实证分析。最后，利用 Stata 统计分析软件分别从整体和区域两个层面对中国农产品出口地区结构和进口地区结构的驱动因素进行辨析。

研究内容五：新发展格局下中国农产品贸易格局优化调整的路径选择及对策建议。根据以上实证研究发现，基于新形势，立足新发展格局，提出优化农产品贸易结构，推进农产品贸易高质量发展的具体路径和对策建议。

1.4.3 拟解决的关键问题

第一，新发展格局对中国农产品贸易格局演化的影响如何纳入到理论分析框架中。本书的主要目标在于挖掘"双循环"新发展格局下中国农产品贸易动态演变的影响机制。因此，最为关键的是理论分析框架如何体现这一研究背景，也就是要科学界定代表新发展格局的特征变量，进而将诸如贸易规模、经济规模、距离成本（地理距离、文化距离等）、开放程度、基础设施保障、政治稳定程度、技术创新水平、国民收入水平等因素被广泛证明对国际贸易有着深刻影响的关键特征变量纳入到理论分析框架中，这是本书的基础，也是最为关键的问题。

第二，中国农产品贸易格局演化历程的合理分段，也就是"双循环"新发展格局历史时期的合理划分。因为在不同贸易发展时期，农产品贸易格局的主要影响因素是不一样的。本书的主要研究目标正是通过比较分析方法，甄别把握"双循环"新发展格局下中国农产品贸易格局演化的关键影响因素。因此合理划分中国农产品贸易演化历程是本书的基础和关键问题之一。

第三，构建科学的计量模型进行中国农产品贸易格局周期动态变迁的驱动因素实证研究。本书主要从贸易网络、贸易规模、区域结构三个视角进行实证研究，对比分析判断新发展格局下中国农产品贸易格局演化的驱动因素。因此，实证研究中计量经济模型构建以及计量方法选择则是保证研究结论合理的前提。

1.5　研究资料来源

1.5.1　农产品选择依据

按照国际规定，农产品范围界定主要有 HS 和 SITC 两种分类标准。在此，本书主要按照中国海关 HS 编码分类法选取。具体进行农产品研究范畴的界定时，一方面与其他学者研究相同选取 1~24 章的农产品类型，另一方面考虑到中国棉花和棉纺织服装产品在全球农产品贸易中的重要作用，也将 50~53 章纳入农产品范围界定中。最终的界定范围为 HS2002 编码下的 1~24 章、50~53 章，具体分类情况见表 1-1。

表 1-1　HS 编码分类下农产品的分类

农产品类别	章
第一类： 活动物；动物产品	01 活动物 02 肉及食用杂碎 03 鱼、甲壳动物、软体动物及其他水生无脊椎动物 04 乳品；蛋品；天然蜂蜜；其他食用动物产品 05 其他动物产品
第二类： 植物产品	06 活树及其他活植物；鳞茎、根及类似品；插花及装饰用簇叶 07 食用蔬菜、根及块茎 08 食用水果及坚果；甜瓜或柑橘属水果的果皮 09 咖啡、茶、马黛茶及调味香料 10 谷物 11 制粉工业产品；麦芽；淀粉；菊粉；面筋 12 含油子仁及果实；杂项子仁及果仁；工业用或药用植物；稻草、秸秆及饲料 13 虫胶；树胶、树脂及其他植物液、汁 14 编结用植物材料；其他植物产品

续表

农产品类别	章
第三类： 动、植物油、脂及其分解产品； 精制的食用油脂；动、植物蜡	15 动、植物油、脂及其分解产品；精制的食用油脂；动、植物蜡
第四类： 食品；饮料、酒及醋；烟草及烟草代用品的制品	16 肉、鱼、甲壳动物、软体动物及其他水生无脊椎动物的制品 17 糖及糖食 18 可可及可可制品 19 谷物、粮食粉、淀粉或乳的制品；糕饼点心 20 蔬菜、水果、坚果或植物其他部分的制品 21 杂项食品 22 饮料、酒及醋 23 食品工业的残渣及废料；配制的动物饲料 24 烟草、烟草及烟草代用品的制品
第十一类： 纺织原料及纺织制品	50 蚕丝 51 羊毛、动物细毛或粗毛；马毛纱线及其机织物 52 棉花 53 其他植物纺织纤维；纸纱线及其机织物

1.5.2 研究区域

根据不同的章节设置不同的研究区域，第 4 章主要选取全球农产品贸易 230 个左右的国家进行空间网络格局分析，不同年份参与全球农产品贸易的国家数量不同；第 5 章基于全球农产品贸易联系强度较大的前 40 个国家分析全球农产品贸易网络演变的驱动因素；第 6 章选取具有代表性的 16 个主要出口市场与 12 个主要进口市场对贸易规模驱动因素进行分析；第 7 章选择中国农产品进出口总额占六大洲比重总和超 60% 的国家和地区（共计 41 个国家和地区）作为研究对象。

1.5.3 数据来源

本书所用数据主要来源于《中国农产品贸易发展报告》、联合国商品贸易统计数据库（UNComtrade）、历年中国统计年鉴、《中国农业年鉴》、世界银行数据库、联合国粮农组织数据库、世界银行和联合国贸易和发展会议（UNCTAD）合作开发的全球贸易数据库、中国商务部官方网站等。

1.6 研究方法与技术路线

1.6.1 研究方法

本书采用定性与定量分析相结合，规范研究与实证研究相结合的研究方法，具体采用的研究方法有文献分析法、统计分析法、计量模型实证分析法。

第一，文献分析法。本书通过国内外农产品贸易格局演变、新发展格局等相关文献的学习，对相关热点问题、理论基础、研究前沿等进行系统的梳理与总结，进而全面把握农产品贸易格局演变规律，建立农产品贸易格局演化动力机制理论分析框架。文献综述为本书提供坚实的基础。

第二，统计分析法。本书关于中国农产品贸易格局演化特征表征分析、网络结构的定量分析，均选取相关指标进行科学合理的测度，进行相关关系的检验分析，并进行分阶段的比较分析，这些研究内容均属于统计学的定量分析方法。

第三，计量模型实证分析法。本书中关于农产品贸易格局变动的计量模型实证方法主要有三个：一是 QAP 模型分析法分析农产品贸易网络结构演变的驱动因素；二是修正的 CMS 模型分析法对农产品规模变动的驱动因素进行分析；三是采用多元回归实证分析方法对农产品区域结构变动的驱动因素进行分析。

1.6.2 技术路线

本书的技术路线如图 1-1 所示。

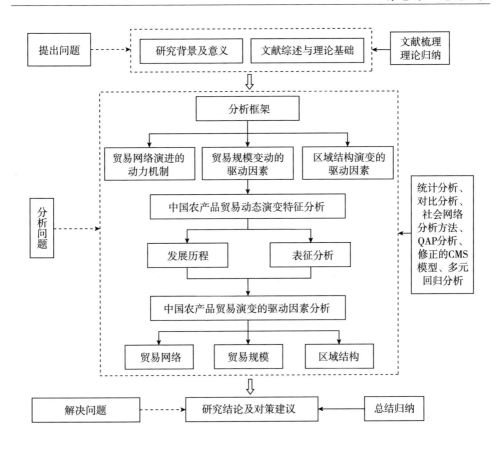

图 1-1 本书的技术路线

1.7 创新点

第一，构建新发展格局下的农产品贸易演化的理论框架。基于现有的文献提出"新发展格局"概念，并从历史的角度探索"内循环""外循环"对中国农产品贸易演化的关键影响因素，系统构建新发展格局下中国农产品贸易动态演变及驱动机制理论分析框架。

　　第二，从网络演化、规模变动、区域结构演化三个维度分解中国农产品贸易演变动力机制和驱动效应，探寻新发展格局下驱动中国农产品贸易发展的关键因素。

第2章 概念界定、理论基础与分析框架

2.1 概念界定

2.1.1 新发展格局

"双循环"新发展格局是习近平总书记在 2020 年 5 月 14 日中央政治局常务委员会上首次提出的，是指以国内大循环为主体、国内国际双循环相互促进的新发展格局。之后，习近平总书记在多次会议上反复强调新发展阶段构建新发展格局的重要性及基本着力点（见表 2-1）。在百年未有之大变局的世界形势下，新发展格局是党中央审时度势对我国经济工作做出的长期战略部署，指出新发展历史阶段中国经济发展要充分发挥我国超大规模市场优势和内需潜力，重塑经济增长内生动力，这是稳步推进我国经济高质量发展的立足点[152]。但是，"以国内大循环为主体"并不是要封闭经济，而是前提和支撑的辩证统一的关系，统一大市场下的国内大循环是前提，国内国际相互促进的国际循环是支撑[153-154]。追溯

1949 年至今，一些学者认为我国的经济发展格局呈现从"国际大循环—首次提出扩大内需—'十一五'规划—'十二五'规划—供给侧结构性改革—国民经济大循环—国内国际双循环"七个不同时期不同环境条件下的历史演进不断调整过程[155-156]。

表 2-1 "双循环"新发展格局的提出

时间	会议与文件	主要内容
2020 年 5 月 14 日	中央政治局常务委员会	要深化供给侧结构性改革，充分发挥我国超大规模市场优势和内需潜力，构建国内国际双循环相互促进的新发展格局
2020 年 7 月 21 日	企业家座谈会	进一步扩大对外开放水平，通过利用国内国外两种资源、国内国际两个市场，形成国内大循环带动国际大循环，国际大循环促进国内大循环的双循环模式，为中国乃至世界经济繁荣与安全提供保障
2020 年 7 月 30 日	中央政治局会议	当前经济形势仍然复杂严峻，不稳定性不确定性较大，我们遇到的很多问题是中长期的，必须从持久战的角度加以认识，加快形成以国内大循环为主体、国内国际双循环相互促进的新发展格局
2020 年 8 月 24 日	经济社会领域专家座谈会	要逐步形成以国内大循环为主体、国内国际双循环相互促进的新发展格局，培育新形势下中国参与国际合作与竞争的新优势
2020 年 9 月 1 日	中央全面深化改革委员会第十五次会议并发表重要讲话	"双循环"新发展格局是根据中国发展阶段、环境、条件变化作出的战略决策，是事关全局的系统性深层次变革
2020 年 9 月 22 日	第七十五届联合国大会一般性辩论	国内大循环绝不是自我封闭、自给自足，也不是各地区的小循环，更不可能什么都自己做，放弃国际分工与合作。要坚持开放合作的"双循环"，通过强化开放合作，更加紧密地同世界经济联系互动，提升国内大循环的效率和水平
2020 年 11 月 3 日	党的十九届五中全会《中共中央关于制定国民经济和社会发展第十四个五年规划和二〇三五年远景目标的建议》	加快构建以国内大循环为主体、国内国际双循环相互促进的新发展格局

资料来源：根据会议资料整理。

关于新发展格局的研究范畴，大多数学者将"双循环"分解成"内循环""外循环"，并将其理解为"内需和外需"、向国内或国外市场提供产品服务和使用国内或国外生产要素[157]。实际上，经济"双循环"分析超出了供求关系，可以从生产、分配、流通、消费等多个环节阐释构建新发展格局的重要内容[158-159]。经济内循环是指国内一切行为主体参与生产、交易、分配、消费进而驱动经济规模不断增长的过程[160]；国际经济循环则是指商品、要素和外汇流入及流出本国驱动经济增长的过程[161]。可见，新发展格局是指以内需为内生动力，依托国内市场优势，打通生产、交换、分配、流通循环堵点，不断激发国内需求潜力；同时利用国内国际双循环的相互补充和助推作用，推动国内国际两个市场双向联通，进而促进我国经济高质量发展的新格局[162]。

本书将界定新发展格局为：面对当前逆经济全球化、国际需求低迷、局部地缘冲突等国际多变形势，立足国内超大市场优势，以激发国内需求潜力和促进供给侧结构性改革为主抓手，不断促使产品和要素的生产、分配、流通、消费、投资等重要环节的国内畅通运行；同时，在内循环的基础上，合理利用"一带一路"、RCEP 发挥引领国内国际循环作用，推动产品与服务、技术、资金更好地在国内与国际市场之间流动，使得本国以更高的规模经济效能、产业层级和更强的比较优势参与国际分工和协作，并进一步反哺和带动内循环，从而形成国内国际两个市场、两种资源的全方位、宽领域、深层次互动互促的经济发展新格局，具体见图 2-1。

2.1.2　农产品相关定义

按照《中华人民共和国农产品质量安全法》《农业产品征税范围注释》关于农产品的定义，农产品是指种植业、林业、畜牧业和渔业等初级产品，即在农业活动中获得的植物、动物、微生物及其产品[163]。按照联合国粮农组织（FAO）的定义，农产品则是指食用非食用农作物、畜产品、加工食品、水产品及加工

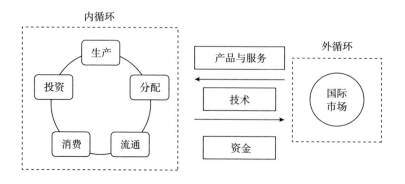

图 2-1 "双循环"示意图

品、林产品及加工品等。在《农业协议》中，将农产品划分为基本农产品和统计农产品，其中基本农产品是指列入国际贸易谈判范围的农产品，而统计农产品则包含了除基本农产品之外的水产品及其加工品，还有部分林产品如天然橡胶、木材、纸浆等。此外，根据农产品特殊的自然属性，农产品也称生鲜农产品，是指农户耕作、养殖的未经过加工或经过少量加工，需要在非常温环境下才能长期保存的初级农畜产品，主要包括谷物、蔬菜、水果、肉类、鲜蛋、奶类、水产品等[164-165]。

2.1.3 农产品贸易相关定义

国际贸易是指全球各国或地区之间以商品、服务、金融等为交易对象进行的贸易往来。具体到某一国家或地区，可以有效衔接"内循环"与"外循环"。农产品具有特殊性，农产品贸易是各国安全稳定的基础保障，也是国际贸易的重要组成部分。农产品贸易指一个国家或地区与其他国家或地区进行的农产品交易，包括农产品进口贸易与农产品出口贸易。把握一个国家或地区的农产品贸易格局，需要从全球—区域—国家3个层面分析，从网络视角来看，全球贸易网络是由各国相联结的整体，一国在全球网络中的贸易规模占比、贸易伙伴的多寡以及在"朋友圈"的重要性等均可以说明各国在网络中地位不同、作用不同。从农产品贸易结构来看可以分为三个方面：第一，农产品贸易额的演化。指以货币表示的一国农产品进口总值、出口总值及进出口总值。它反映一个国家或地区农产品贸易规模。第二，外贸农产品的商品结构演化。即一个国家（或地区）一定时期内进出口农产品的构成和各类农产品在农产品进口总额或出口总额中的比重。第三，农产品贸易地理市场结构演化。即指一国农产品进出口贸易的地区分布和农产品的流向。通常以农产品贸易总值或出口总值或进口总值中的国别（或地区）的比重或市场占有率来表示。

2.2 理论基础

2.2.1 与"双循环"相关的理论

国内循环与国内国际循环是互动互促的关系，基于现实情况变化在不断调整和深化。以出口导向为主的"以外促内"的发展战略，已完成了推动经济发展的使命[166]。而出口的拉动作用在逐渐减弱，2008 年金融危机后，转变为国内大循环为主，国内消费在经济增长中成为主力，2019 年实现了 82.6% 的国民经济在国内循环[167]。立足国内大市场，从供给和需求面来看，中国具备构建新发展格局的条件。构建"双循环"新发展格局的路径选择，就需要打通供需端口，明确"双循环"格局的出发点是挖掘国内需求潜力，实现更高水平"供给创造需求，需求牵引供给"的动态平衡。刘鹤、任声策等均指出科技创新不仅畅通国内大循环，而且是中国占据国际大循环主动地位的关键[168-169]。迟福林认为应形成内外市场联动、要素资源共享的更高水平开放，构建新发展格局[170]。蒲清平和杨聪林认为推动劳动力、土地、资本、技术要素的循环是构建"双循环"发展的实践路径之一[171]。根据要素禀赋理论，改革开放初期，中国劳动力以高达22.4%的世界占比，要素禀赋严重失衡，中国大量出口劳动密集型产品，进口资源、技术、资金等密集型产品，外循环是必然选择；2010年后，要素禀赋逐渐改变，劳动力净增长下降，资金、研发投入、石油、淡水等要素短缺突出，且科技水平不断提升。内循环地位提升，外循环地位下降[172]。分解我国农业生产要素，劳动力、水资源、耕地资源已经发挥极致，资金要素相对富裕，对外投资力度加大，资源要素配置的重点转向技术创新能力。综合而言，供需平衡是"双循环"的目的所在，对外开放水平、科技创新能力等对"双循环"具有关键影响，要素禀赋变动决定着"双循环"理论的演变。

2.2.2 国际贸易理论

国际贸易理论主要包括传统贸易理论和现代贸易理论。传统贸易理论包含古典贸易理论和新古典贸易理论。早期以亚当·斯密和李嘉图为代表的古典贸易理论，分别是绝对比较优势理论和相对比较优势理论。绝对优势理论认为，以国际分工为基础，各国发挥自身在自然资源、劳动力资源、生产技术上的优势，通过集中规模化生产优势产品，使得生产成本占据优势，进而在生产中获益，这表明该国在某种商品上位于全球贸易绝对优势地位。由此，各国之间可以用生产中的绝对优势商品换取劣势商品，达到要素配置利用最大化，积累社会财富。但是现实中全球各国进行国际分工和商品贸易并非只存在绝对优势，也会存在比较优势。比较优势理论在绝对比较优势的基础上，假设各国之间交易方式是物品换物品，两国之间劳动生产率不同产生了国际贸易，即两国生产同一商品或同质商品会因为劳动生产率的差别或者技术差别存在价格差，生产者为了追求利益高价收益推动了国际贸易。提出核心观点：贸易国生产同一种产品在生产技术和成本上存在相对差别，那么生产同一种产品各国的机会成本不同，则应该选择进口比较劣势或者机会成本较高的商品，出口比较优势或者机会成本较低的商品，以达到优势互补、相互合作的目的。

以赫克歇尔—俄林为代表的要素禀赋理论（简称 H-O 定理）被称为新古典贸易理论。相比古典贸易理论，要素禀赋理论有很大的进步，它引入除劳动力以外的多种要素投入，认为同样的产品在两国之间存在不同的商品价格，贸易交换的介质是货币，要素禀赋差异比较可以揭示发生国际贸易的根本原因，但是却忽视了国内国际市场的变动性。针对农产品生产过程中的要素，各国（地区）在耕地、光照、淡水资源及劳动力结构、技术等方面差异不同，这也导致了各国农产品多样性、产量及种植结构上的区别，因此，各国会考虑出口相对资源富裕的产品，进口相对资源短缺的产品。假设农业生产技术水平随着时代的发展不断提高，这也意味着产品结构升级，成本降低，出现新的产品比较优势，这种比较优势在一定程度上也与农业资源禀赋状态相关联[173-175]。就中国农产品市场而言，中国耕地有限，科技创新投入力度加大，应根据实际供需情况，考虑生产要素变化过程及阶段性影响，合理地预判生产、贸易的农产品种类，避免"卡脖子"突出的问题。

克鲁格曼在传统国际贸易理论的基础上，创建了新国际贸易理论，他分析并解释了收入增长和不完全竞争对国际贸易的影响，认为规模经济对发达国家之间产业内贸易规模大于发达国家与发展中国家间的产业内贸易规模更具说服力。市场需求规模是影响贸易增长的主要因素之一，国内和国际市场规模的大小对国际贸易潜力有决定性作用。内需方面，扩大内需会产生规模经济效应，提高产品生产效率，激发产品进入国际市场的潜力，从而助推出口增长；外需方面，居民收入水平和消费水平是决定一国市场需求的主要因素，即通过改善经济状况可以拉动进口商品需求。

新贸易理论提出的同时，迈克尔·波特提出了国际竞争优势理论，认为比较优势之外的竞争优势才是决定一国贸易增长的重要因素。其核心观点是生产要素、需求条件、相关产业、企业战略、结构和同业竞争对一国产业竞争力发挥着决定性作用。在此，生产要素的定义更明确，涵盖了自然资源、地理区位等先天拥有的基本要素和后天经过长时间并花费大量资金投入所培育或创造的高级人才或高精尖技术等高级要素，后者在国家竞争优势的形成过程中作用更明显。若一国在基本要素上存在优势反而会因为滥用基本要素导致竞争力削弱，相反一国若在基本要素上缺乏优势，会从高级要素上下功夫，进而促进国家竞争优势地位提升。需求情况，代表市场对产品的需求，分为国内需求和国外需求。一国开放程度越高、某种产品的需求规模越大，则该产品的国际适应能力更强，助力国际知名度，提高国际市场竞争力。相关及支持产业，是链接一国某行业的上下游产业及相关行业，通过产业联动形成互补品之间的需求拉动，进而影响某行业的竞争优势。企业战略、结构和同业竞争，是指行业的历史发展阶段、企业的组织和管理方式、竞争环境等。微观角度影响一国竞争优势的因素主要是企业的"管理意识形态"、国内企业竞争环境。一般国内企业间的市场竞争越激烈，越容易在优胜劣汰中激发强大的企业生产与经营潜力，从而打造成更稳定的国际竞争企业。

2.2.3　社会网络理论

"网络"这一概念最初属于数学学科，即图论。它是由个体（节点）之间的关系（连带）所组成的一张网。随着时间的推移，从 18 世纪"科尼斯堡七桥问题"提出，到 20 世纪 30 年代，真正的网络科学开始受到重视，出现了社会关系的测量学；40 年代，Radcliffe 提出社会网络的概念，心理学运用社会网络定义了小群体的概念[176]；再到 50 年代，Erdos 和 Renyi 的随机网络模型[177]；1988 年，Wellman 指出"社会网络是相对稳定的系统"；20 世纪末，为了系统地解释复杂网络，网络共同拓扑性质发展，Watts 和 Strogatz[178]、Albert 和 Réka[179] 分别提出了"小世界网络"、无标度网络。网络理论在被充实的过程中逐步延伸，经历了"图论—随机图—复杂网络"这一由简单到复杂的发展历程。基于以上理论基础，社会网络成为一种对多个具有互联关系的个体组成的复杂系统进行建模分析方法[180]，并被广泛应用于统计物理、计算机网络、社会学、生物学、经济学等众多学科。根据具体图示将网络分为空间网络和非空间网络[181]。非空间网络主要包括人际关系网络[182]、生物网络[183] 等。国际贸易网络[9]、城市网络[184] 等则属于空间网络范畴。

社会网络分析是用一种通过关注组成系统的个体之间的关系来思考社会系统的思维方式，其中包含了"节点"和"边线"两部分元素，通过用连带把节点相连的方式呈现出一种关系。"节点"多代表行动者，可以指代个人、群体、组织、国家等分析单位；"边线"多表示行动者间的关系，可以指代友谊、信息沟通、组织间合作、贸易往来等关系。根据节点之间联系的维度可以将网络分为一模网络、二模网络和多模网络。根据节点的边界范围，网络分为整体网络、局域网络和个体网络。网络可以对现实社会中错综复杂的系统进行描述和解释，一般选取度分布、聚类系数、平均路径长度、网络密度和社团等关键指标来描述网络结构的特征及演化规律[185]。网络理论中，一个个体在网络中的位置会影响其所面临的机会和所受限制，从而影响其绩效、态度、行为等结果。多数学者运用网络的视角去解释个体行为，并关注网络中行动者的位置与角色[186]，进一步解释个体在整体网络中的位置，如果一个个体在整个网络中与多个节点相连，而节点之间不相连，则说明这个个体处于"结构洞"位置，扮演着"桥梁"的角色，可以通过所获取的信息、资源，发挥竞争优势[187]。一般而言，各个节点在网络运行中各自发挥不同的作用，有些节点不属于关键节点，而连通度较大的节点成为枢纽，因此，网络中呈现出"核心—边缘"结构。规模较大的网络中，网络并非均匀分布，其中紧密联系的节点集合就形成了各自凝聚力很高的小团体，称为"凝聚子群"（Cohesive Subgroup），而子群内部是充分连接的。通常情况下，网络演化过程中会出现择优连接，即节点倾向于连接高度值节点，因此，网络中出现"富者越富，穷者越穷"的"马太效应"[188]。

2.3 分析框架构建

全球外贸形势严峻，回顾中国农产品贸易演变的历史脉络，本书试问一系列问题：外贸面临结构性调整，如何重塑中国参与全球农产品贸易优势？中国拉动农产品对外贸易规模增长的主要因素有哪些？中国三大贸易伙伴东盟、欧盟、美国三足鼎立是否会持续，面对全球化停滞、中美贸易摩擦、地缘政治等外部消极影响和"一带一路"倡议、RCEP协定生效等积极作用，中国农产品贸易伙伴结构发生了哪些变化，未来又有哪些因素推动中国建立更为合理的贸易伙伴结构？肩负中国粮食安全的责任和担当，应该从哪些方面发力实现中国农产品贸易高质量发展？结合以上问题，综合理论与文献综述基础，围绕新时代"加快构新发展格局，是推动高质量发展的战略基点"，本书提出新发展格局下中国农产品贸易动态演变及其驱动因素分析框架（见图2-2）。

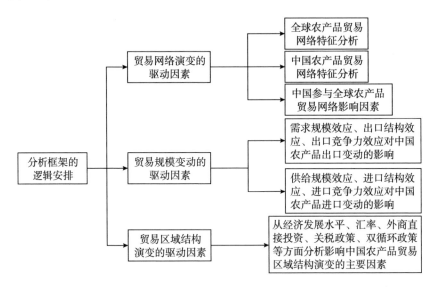

图2-2 新发展格局下中国农产品贸易动态演变及其驱动因素分析框架

2.3.1 农产品贸易网络演进的驱动因素

一国参与国际贸易分工形成了网络，参与程度同时也会影响一国贸易发展。将本国置身全球贸易系统，就需要从国际市场的全貌上把握农产品贸易网络演变特征，深入分析中国在全球农产品贸易网络中的地位变迁，找到提升国际市场的控制力及话语权的着力点，剖析中国参与国际农产品贸易网络演进的驱动机制。经济、制度、地理、文化、政策等因素在不同时期对国际贸易关系产生不同程度的影响。逆全球化背景下，贸易保护主义阻断了技术扩散道路，同时也激发了技术创新能力提升，解决关键产品及技术受制于人的局面是新发展格局下主要的着眼点。比如当前，技术因素可能是贸易网络演进的关键影响因素。

2.3.2 农产品贸易规模变动的驱动因素

国际贸易发展基于全球各国农产品供给和需求情况，形成商品交易。达到供给和需求动态平衡、良性互动是各国关注的重点，从需求层面来看，内循环的根本是扩大内需，有效应对危机冲击，而保障扩大内需的根本则在于人们的收入水平和投资收益。具有收入支撑的消费者可以有效满足自身的需求，促进消费结构升级，从而形成扩大消费的长效机制。国外需求虽然疲软，但是需求规模效应对中国农产品出口具有重要的影响；从供给层面看，有效供给是达到供需平衡的重要环节，供给规模效应是否对中国农产品进口产生影响？本书试图对中国农产品进出口变动分别从贸易规模、贸易结构和贸易竞争力三个方面进行双向分解，探讨规模变动的驱动因素。

2.3.3 农产品贸易区域结构演变的驱动因素

"双循环"通过国内大循环内生动力和外循环的外生动力同时作用于农产品贸易。其本质是利用两个市场、两种资源，这也是贸易发展的基础，那么，如何把控国内、国际市场及两种资源？"双循环"与贸易发展的历史，两者是协同促进的关系。"双循环"是中国经济发展的战略选择，"双循环"政策可能是今后中国农产品贸易高质量发展的关键影响因素。本书试从经济发展水平、汇率、外商直接投资、关税政策、"双循环"政策等方面分析中国农产品进口区域结构和出口区域结构演变的驱动因素。

2.4　本章小结

本章主要包括三个方面的内容：第一，结合前人的研究成果及相关规则界定新发展格局、农产品、农产品贸易的定义。第二，凝练研究所涉及的理论基础，包括"双循环"相关的理论、绝对优势理论、比较优势理论、要素禀赋理论、国家竞争优势理论、社会网络理论，为本书的研究提供理论支撑。第三，梳理本书的分析框架，从贸易网络、贸易规模、贸易区域结构层面构建新发展格局下农产品贸易动态演变的驱动因素和影响机制分析框架，为后续章节提供逻辑支撑。

第3章 中国农产品贸易发展历程及现状分析

当今世界局势复杂多变，把握发展大势，统筹好国内国际两个大局是中国农产品贸易高质量发展的必要条件。中国自加入世贸组织后，农产品贸易迅速发展，贸易结构深度调整。首先，从历史发展角度出发，基于新中国成立以来农产品贸易发展数据和政策的梳理总结及对比分析，合理划分发展历程及其发展特征；其次，采用统计分析方法对"双循环"背景下中国农产品贸易演变情况进行分析，进而为后续章节研究提供新发展格局发展特征的历史阶段对比分析的依据，为驱动因素提供现实发展现状分析基础。

3.1 中国农产品贸易发展历程划分

回顾历史，中国农产品贸易在改革复兴的道路上发挥了巨大的作用，在不同阶段变迁中扮演着举足轻重的角色。作为农业大国、人口大国、贸易大国，新中国成立至今中国农产品对外贸易已经历了长达七十多年的风雨。那么，1949~

2022 年中国农产品对外贸易发展有哪些变化？本章通过查阅历史文献，运用历史统计数据，以重大历史标志事件为节点，借鉴牛盾[189]、朱晶等[190]、孙玉琴等[191] 研究学者的观点，将中国农产品贸易发展历史划分为七个阶段。

3.1.1 计划经济单一出口创汇阶段（1949~1978 年）

中华人民共和国成立后，百业待兴。新中国成立初期，中国农产品对外贸易发挥了出口创汇的作用。受生产力水平的限制，中国国民缩衣节食开辟了一条农产品及农副产品等出口以支持工业化建设的路径。国家政府主要实行许可证、配额制、限量登记等关税措施控制商品贸易的进出口数量，将出口放在第一位，并限制进口。农产品"重出轻进"的贸易政策推行下，1950~1960 年中国农产品进口额占农产品贸易总规模的比重持续下降到 10% 以下。1961~1966 年出现了受自然灾害影响的粮食安全问题，农产品进口尤其是粮食进口比重上升。20 世纪 60 年代末 70 年代初，农产品贸易额出现反弹。1972~1978 年，中国农产品进出口贸易额返回正常的增长轨迹，由 30.75 亿美元增长至 81.34 亿美元，年均增速达到 17.6%，相比远超出同期 GDP 增速，农产品贸易的发展为工业发展贡献出"原始资金"。该阶段最大的特征为国家垄断型的农产品贸易，而农产品贸易的主要职能是出口创汇，贸易总额不断增长（见图 3-1）。虽然保障了中国农产品贸易顺差，为中国工业化发展换得了建设资金，但也阻碍着农产品贸易的快速发展。

3.1.2 初步开放探索阶段（1979~1991 年）

1979 年党的十一届四中全会召开，拉开了中国农业对外开放格局的序幕，决定通过了《中共中央关于加快农业发展若干问题的决定》，我国开始进行计划经济向市场经济过渡的经济体制改革。随着家庭联产承包责任制体制、"双轨制"农产品流通体制改革以及议购议销农产品价格政策等重要改革的实施[193]，

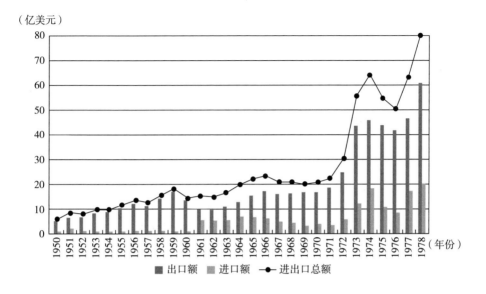

图 3-1　1950~1978 年中国农产品贸易变动趋势

资料来源：由于数据资料缺失，数据援引孙东升研究成果[192]。

中国农产品生产力释放，农产品贸易出口创汇能力增强。中国农产品贸易总额由 1979 年的 105.71 亿美元上升至 1990 年的 201.12 亿美元，相比翻了近 1 倍（见图 3-2）。其中以小麦、玉米、稻谷、水产品、花卉园艺类产品和畜产品为主的劳动密集型农产品占中国农产品总出口比重的 60%。从贸易市场来看，中国农产品贸易进出口市场格局发生了根本变化，原本的市场主要是社会主义国家，逐渐转向市场经济型国家或地区，与美国、西欧、日本、东南亚、加拿大和澳大利亚等国家（或地区）农产品贸易往来密切[189]。同我国有经贸关系的贸易伙伴国数量由 1978 年的 160 多个增加到 170 多个。总体来说，改革开放初期中国农产品贸易发展处于初步探索阶段，在该阶段农产品贸易与农业发展相互协调促进，随着农产品产量增长，比较优势开始有所显现，农产品贸易规模有扩大趋势，贸易市场初步向多元化拓展。

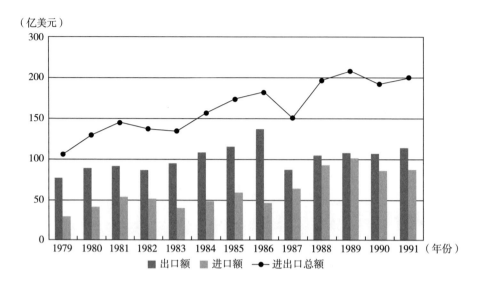

图 3-2　1979~1991 年中国农产品贸易变动趋势

资料来源：由于数据资料缺失，数据援引孙东升研究成果[192]。

3.1.3　改革开放加快阶段（1992~2001 年）

1992 年 10 月，党的十四大提出建立社会主义市场经济体制改革目标，1993 年国务院推动金融体制改革、财税体制改革和外贸外汇体制改革。20 世纪 90 年代初，我国市场化改革进入全面提速阶段。具体到中国贸易，为了加大对外开放力度，中国政府围绕"复关"和"入世"加快对外贸易管理体制的市场化改革，实施了连续大幅降低关税，取消非关税壁垒，深化汇率体制和价格机制等一系列改革，不断促进外贸管理方式和手段与国际接轨。1992~2001 年中国农产品贸易总额波动幅度较大，1993 年贸易规模最小为 137.74 亿美元，2001 年贸易额最高为 277.9 亿美元（见图 3-3）。生鲜类农产品进入自由市场发展新阶段，粮食的"双轨制"实行"保量放价"政策。一方面，中国主要农产品产量大幅增加。1994~2001 年，水产品、水果、蔬菜、肉类显现出比较优势，农产品出口保持稳定，进口却大幅波动。8 年间贸易总额仅仅增加了 21 亿美元，年均增长率下降至 1.1%。另一方面，粮价倒挂，政府财政压力加大。总之，该时期农产品对外开放步伐明显加快，农产品贸易总体规模有所扩大，贸易顺差增加，比较优势较明显，农产品出口保持基本稳定，而出口由于需求变动呈现上下波动不稳状态。

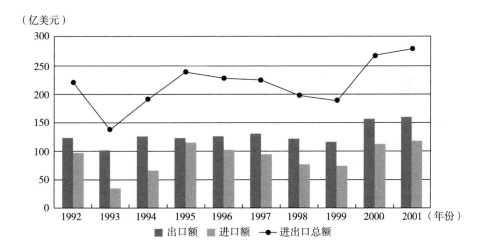

图 3-3　1992~2001 年中国农产品贸易变动趋势

资料来源：《中国统计年鉴》《中国农业年鉴》。

3.1.4　快速发展阶段（2002~2008 年）

2001 年 12 月中国正式加入 WTO，标志着我国对外贸易发展的新起点，进入以世贸组织规则为基础的全面深化改革、全面开放新发展阶段，中国农产品贸易进入快车道。2001 年，中国的农产品贸易伙伴有 198 个国家和地区。加入 WTO 后，我国充分发挥劳动力资源禀赋优势，中国农产品贸易规模快速增长。2001~2008 年，中国农产品贸易总额由 279 亿美元快速增加到 992.4 亿美元，年均增速 21.7%。此外，农产品贸易额占国内 GDP 比重显著升高，由 2001 年的 15.8% 增至 2008 年的 21.1%。具体到贸易产品结构，蔬菜、水果、水产品等主要劳动力密集型农产品出口额占中国农产品总出口额的62%，但以大豆、食用油、棉花等为主的加工原料型农产品进口量也开始不断增加。具体到国内区域结构，东部沿海经济开放区发挥了贸易主要阵地的作用，进出口额占全国农产品进出额的90%以上。总体来说，这一阶段中国在履行入世承诺的工作中农业逐步融入世界贸易体系，对外开放的纵深式拓展也助推了农产品贸易迅速发展。

3.1.5　平稳发展阶段（2009~2013年）

国际金融危机发生后，国际经济贸易受到重创。为了应对金融危机，在"保市场、保份额、稳外需"的经济发展战略下，中国积极推进自贸区、自由贸易试验区筹建与区域合作。如2013年开始筹建上海自由贸易试验区，并提出"丝绸之路经济带"和"21世纪海上丝绸之路"的畅想。这一阶段，中国农业对外开放向广度和深度有所行动，农产品贸易属于平稳发展阶段，为后期发展夯实基础。

3.1.6　深度调整阶段（2014~2019年）

2015年以来，互联网技术的应用逐渐成熟，我国批准设立了包括杭州、天津、上海、广州、北京等在内的35个跨境电商综合试验区。2016年中美贸易战发起，导致农产品贸易结构发生转变。2017年，党的十九大提出实施乡村振兴战略，中国经济步入高质量发展阶段。进入新时期，对外贸易高质量发展作为经济高质量发展的重要抓手，我国农产品贸易迈入高质量发展阶段，呈现出新的发展态势。截至2019年，中国已与24个国家或地区签署了16项自由贸易协定，形成了"1+3+7"的自由贸易试验区开放格局，推进了"一带一路"区域合作新局面，中国对外开放广度与深度不断提高，中国农产品规模快速增长。2014~2019年，中国农产品贸易主要在深入拓展"一带一路"沿线国家，并紧密联系东盟、东南亚等区域国家，贸易总额由1945亿美元波动增加到2300.7亿美元，年均增速 3.4%，居世界第二位。总体来说，这一阶段中国进入了全面开放阶段，农产品贸易国际市场布局逐步扩大，中国农产品贸易发展韧性进一步增强，但是逆差呈现不断扩大趋势。

3.1.7　"双循环"格局的新发展阶段（2020 年至今）

2020 年突如其来的新冠肺炎疫情从卫生、经济、社会危机等多方面对全球贸易产生了深刻的影响。但是由于中国政府对疫情防控采取了有效措施，农业表现出明显的韧性，农产品网络消费大幅增长，农产品贸易额不降反增，我国农产品贸易地域范围散布全球，贸易伙伴增至 216 个国家和地区。2020 年 11 月 15 日，我国签署了区域全面经济伙伴关系协定（RCEP），包括亚太地区在内的 15 个国家，其经济体量约占全球经济总量的 30%，再一次扩大了对外开放的空间。中国首次与排名前 10 位的经济体达成了双边关税减让安排，进而促进贸易流动。中国加快实施自贸区战略，积极参与区域贸易协定谈判，截至 2021 年 10 月，中国已与 26 个贸易伙伴签署 19 个自贸协定，并提出正式加入 CPTPP。目前，中国已经成为全球第一大农产品进口国、第五大农产品出口国。随着 2023 年全球经济复苏，就国际形势来看，全球农产品价格趋于下降，逐步恢复常态化，外贸形势逐步好转，就国内发展情况来看，中国大力加大稳外贸、稳外资等贸易政策扶持力度，对外开放的大门越开越大，"一带一路"及 RCEP 深入发展，农产品贸易发展稳定向好。

3.2　中国农产品贸易发展现状分析

"入世"以来，我国粮食产量不断提高，逐步发展成为全球农产品主产国和贸易大国，贸易规模、区域结构、商品结构呈现出明显的阶段性特征。通过分析中国农产品贸易演化趋势和规律，重点关注 2008 年尤其是 2020 年至今的新趋势和新特征，提炼新时期中国农产品贸易变化规律，为国家制定相关农业发展战略和贸易政策提供决策依据。

3.2.1 贸易规模动态演化分析

随着中国农业国际化、自由化进程的不断加快，中国农产品对外贸易在曲折中前行，取得了辉煌的成就，也为国际粮食安全做出了巨大的贡献。2002~2022 年，中国农产品贸易总额持续上升，在经济发展的助推下，农产品需求结构升级，进口贸易增幅逐步超越出口贸易增幅，呈现出逆差格局，且逆差规模不断扩大。

3.2.1.1 贸易总体规模持续扩大

从总体特征来看，中国农产品贸易整体规模呈现出阶段性波动且持续扩大的态势。加入 WTO 后，中国对外贸易并入全球市场，中国农产品贸易发展进入迅速崛起阶段，贸易伙伴国由 2001 年的 198 个增长至 216 个，2022 年已成为第一大农产品贸易国。2002~2022 年，农产品贸易额由 306 亿美元增长至 3343.2 亿美元，年均增长 12.7%（见图 3-4）。将"入世"后农产品贸易变化情况划分为4 个阶段：第一阶段（2002~2008 年），农产品贸易额呈现平稳增长态势，从 306 亿美元增长到 992.4 亿美元，年均增速为 21.7%。第二阶段（2009~2013 年），农产品贸易额呈现快速增长态势，到 2013 年农产品贸易额翻了 1 倍多，从 922.4 亿美元增长到 1867 亿美元，年均增速为 12.6%。第三阶段（2014~2019 年），"一带一路"倡议提出后，中美贸易制裁频繁、摩擦不断升级，中国农产品贸易进入动荡期，2014~2016 年农产品贸易额呈现快速下跌趋势，从 1945 亿美元下降到 1845.6 亿美元，年均增速为-5.11%；2016 年之后农产品贸易额飞速增长，从 2016 年的 1845.6 亿美元增长到 2019 年的 2300.7 亿美元，年均增长 7.6%。第四阶段（2020 年至今），2020 年初全球新冠肺炎疫情暴发后，全球经济和贸易增长动能减弱。在全球贸易紧张的状态下，货物贸易、服务贸易均下降，农业表现出明显的韧性，2020 年我国农产品进出口总额为 2468.3 亿美元，同比增长 167.6 亿美元；2021 年中国农产品贸易总额为 3041.7 亿美元，同比增长 23.2%；2022 年农产品贸易规模达到历史最高点 3343.2 亿美元，同比增长 9.9%。造成这一现象的主要原因可能有：一是疫情导致食物恐慌心理，囤粮现象主要增加了初级农产品的需求量。二是以俄乌为例的地缘政治冲突升级，两大产粮国生产和贸易严重受挫，促使粮食问题武器化。三是全球通货膨胀下，农产品大幅涨价并剧烈波动必然导致中国农产品进口额度升高，呈现贸易量缩小，贸易规模一路攀升。

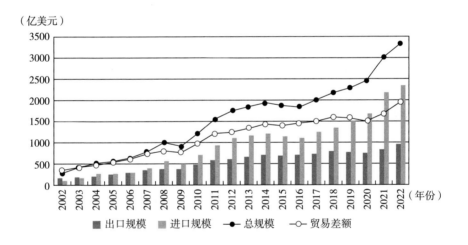

图 3-4　2002～2022 年中国农产品贸易规模变动

资料来源：中国农产品贸易发展报告。

3.2.1.2　进口规模持续攀升

步入 21 世纪以后，中国农产品贸易进口流量逐年攀升，表现似乎与总规模遵循着同样的趋势和拐点，呈现走高态势，2022 年成为全球排名第一的农产品进口国。从进口规模变化来看，2002～2022 年，中国农产品进口额从 124.7 亿美元增长到 2360.6 亿美元, 增长了 18.9 倍, 年均增长率达 87.5%。第一阶段: 2002~2008 年, 农产品进口额由 124.7 亿美元增加到 2008 年的 587.7 亿美元, 年均增长率达 29.5%。第二阶段: 2009~2013 年, 金融危机辐射下, 2009 年全球处于经济萧条期, 中国农产品进口同比下降了 60.7 亿美元。这一阶段年均进口增长率达到 22.6%。第三阶段: 2014~2019 年, 中国农产品贸易面临机遇与挑战, "一带一路" 倡议初步实施, 同时应对中美贸易摩擦, 处于发展艰难期, 年均增长率仅 4.3%。第四阶段: 2020 年至今, 3 年间农产品进口年均增长率达 17.6%。2021 年进口 2198.2 亿美元, 同比增长 28.6%; 2022 年进口 2360.6 亿美元, 增长 7.4%。该阶段进口额攀升与农产品价格上涨有很大的关系。

3.2.1.3 出口规模增长缓慢

农产品和食品出口是发展中国家经济增长的基本组成部分。长期来看, 中国农产品贸易出口额处于上升状态, 但增长幅度明显小于进口。2002~2022 年, 出口额从 181.3 亿美元增长到 982.6 亿美元, 增长了 5.4 倍, 年均增长率为 19.2%。具体来看, "入世" 之前, 中国农产品在国际市场上竞争力较弱。第一阶段 (2002~2008 年), 入世后的第一年中国农产品出口贸易额迅速增长, 2008 年达到 404.7 亿美元, 此后稍有下降。第二阶段 (2009~2013 年), 农产品出口额由 395.4 亿美元上升到 678.3 亿美元, 年均增长率为 14.4%。第三阶段 (2014~2019 年), 出口规模并非节节攀升, 而是在原地徘徊, 年均增长率仅 1.9%。2014 年的 719.6 亿美元下降到 2015 年的 706.8 亿美元, 此后由于 "一带一路" 倡议的提出助推中国农产品贸易市场多元化, 农产品出口额增长, 2018 年中国农产品出口额达历史新高, 贸易额为 804.5 亿美元。2019 年又有小幅回落, 贸易额为 791.0 亿美元, 可能与中美贸易摩擦有关。第四阶段 (2020 年至今), 出口规模稳中有进, 年均增长率为 13.7%。受疫情影响在此小幅下滑, 2020 年出口贸易额为 760.3 亿美元。2021 年, 出口额同比增加了 83.2 亿美元, 2022 年中国农产品出口额达历史最高水平, 贸易额为 982.6 亿美元, 同比增长了 16.5%。

3.2.1.4　净出口呈现逆差扩大趋势

中国农产品进口额持续加大，而原有的呈现比较优势的农产品在国际市场上的竞争力趋弱，也决定了贸易逆差扩大的走向。从 2004 年开始，随着中国农业比较优势的下降，我国农产品对外贸易从此前的净出口国转而成为净进口国，出现连续性逆差，且逆差值持续扩大。2004~2022 年，逆差由 47.3 亿美元增至1378 亿美元，年均增长 20.6%，高于同期进出口增速。具体进行阶段性分析，第一阶段（2002~2008 年），中国农产品贸易净出口额由正值转为负值，逆差额从 2004 年到 2008 年以每年 40.7%的速度增长，2008 年首次超过 100 亿美元。第二阶段（2009~2013 年），受全球金融危机和国际粮食危机的影响，2009 年中国农产品贸易逆差有所回落，之后再次迅速扩大，2013 年"一带一路"倡议实施前，中国农产品贸易逆差额几乎每年都小于 500 亿美元。2013 年逆差额达到了510.4 亿美元。第三阶段（2014~2019 年），自从"一带一路"倡议实施以后，对外开放力度加大，中国从国外进口农产品数额大幅增加。但随后 2015 年、2016 年逆差额又有所下降，2019 年农产品贸易逆差额达到 718.7 亿美元。第四阶段（2020 年至今），逆差年均增长率为 20.6%。2020 年逆差额达到 947.7 亿美元，同比增长了 31.9%。尤其是 2021 年农产品贸易逆差额为 1354.7 亿美元，同比增加 42.9%，2022 年贸易逆差为 1378.0 亿美元，增长了 1.7%。这也反映出中国农产品贸易"大进小出"已成常态。中国在成为全球农产品贸易大国的同时，也成为农产品贸易逆差大国。

3.2.2　区域结构动态演化分析

国际贸易外部环境变幻莫测，市场格局不断发生变化。中国农产品对外贸易区域结构发生了哪些变化？未来可能的市场布局如何？而中国的外部农产品贸易区域结构动态变化的同时，中国内部不同区域的经济与贸易发展是否也在发生着各种变化？为剖析以上问题，本书从内部和外部两个层面分别对总体、进口、出口区域结构进行分析。

3.2.2.1 国内区域结构

我国在实施由沿海向内地推进的全方位对外开放新格局进程中，也打通了对外贸易沿海、沿边、沿江的开放途径，国内不同经济区域形成了不同差异的外贸开放度，对外贸易内部区域差异显著[194]。基于国内不同地区农业资源禀赋，也会呈现不同的农产品贸易发展特征。新发展格局新阶段，更需要由内而外明确市场布局，由此，本书内部层面主要从东部、东北、中部、西部四大地区及省际结构进行区域分析。

第一，从四大区域结构来看，2002~2021年，中国对外贸易体制和区域经济协调发展政策历经20年的改革和调整，东、中、西部地区农产品对外贸易规模差距一直较大。为了清晰地展现中国农产品对外贸易的国内区域分布情况，根据统计局的划分标准，将我国的经济区域划分为东部、东北、中部、西部四个区域（台湾省、香港特别行政区和澳门特别行政区不在研究范围）。四大区域农产品贸易总额演变情况展示如表3-1所示。

表3-1 31个省份经济区域划分

地区	省份	个数
东部地区	北京、天津、上海、河北、江苏、福建、浙江、广东、山东、海南	10
东北地区	吉林、辽宁、黑龙江	3
中部地区	江西、山西、安徽、湖北、湖南和河南	6
西部地区	贵州、重庆、四川、西藏、云南、广西、陕西、青海、甘肃、宁夏、内蒙古和新疆	12

注：根据统计局经济区域划分标准整理。

从总体发展规模来看，我国省域农产品对外贸易存在明显的区域结构差异，近20年东部地区占全国农产品贸易总额比重一直保持在78%以上，排名前5的贸易大省主要是山东省、广东省、江苏省、上海市、福建省，均位于东部地区，由此表现出省际失衡明显；东北部地区由2002年的10%下降到2021年的5%，农产品贸易严重萎缩；中西部地区小幅稳步攀升，中部地区由5%上升到8%，西部地区由7%上升到9%。"入世"后四大地区农产品贸易发展主要分为以下几个阶段：第一阶段（2002~2008年）是快速增长阶段。自2001年中国加入世贸组织后，"入世"与扩大开放对贸易的促进作用逐步显现，中国农产品贸易发展明显改观，发展速度开始提高，尤其是东部地区增长十分明显，表现出东部与东北、中部、西部地区农产品贸易规模发展的差距也逐渐拉大。第二阶段（2009~2013年）是波动增长阶段。美国次贷危机爆发后，全球经济与贸易双下滑，仅2009年，东部地区相比东北、中部、西部地区农产品贸易规模的曲线拐点更明显，由升转降，中、西部地区出现正增长。2009~2013年逐步恢复上升，在短暂的影响之后，2011年，中国东部地区农产品贸易规模开始恢复上升。东北、西部地区贸易规模超过中部地区，整体处于平稳上升趋势。第三阶段（2014~2019年）是深度调整阶段，整体呈波动上升的发展趋势。2014~2016年，东部、东北、中部、西部地区的农产品贸易额又出现下降。随着"一带一路"倡议不断推进，区域结构明显改善，西部地区贸易额增长突出，表现出农业生产优势。第四阶段（2020年至今）是分化调整阶段。东、中、西部地区发展趋势良好，仅东北部贸易额度下降明显（见图3-5）。近20年来，东部地区占据主导地位，四大地区农产品进出口贸易的发展极不平衡。中、西部地区根据农业要素资源禀赋，不断优化农产品生产结构，贸易贡献程度逐步增大，东北部地区农产品贸易则呈现先上升后下降的态势。

从出口的国内区域结构来看，排名前5的农产品出口大省主要是山东省、广东省、浙江省、福建省、江苏省，占全国出口总额的63.9%，由此证明，我国四大地区之间极大的出口倾斜度，东部地区是我国农产品出口主要地区。如图3-6所示，2002~2021年东部地区农产品出口比重均占总出口额的70%以上，其出口额的变化与我国总出口额的变化趋势一致。这期间东部地区变化趋势：2002~2003年略有下滑；2004~2014年稳步下滑阶段，2004年出口额占比最高；2015

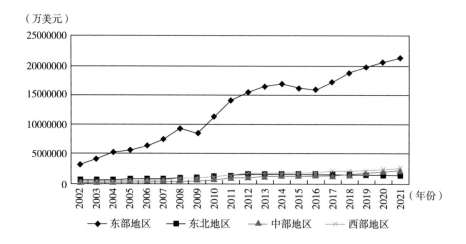

图3-5　2002~2021年东部、东北、中部、西部地区农产品总额变化情况

资料来源：国研网对外贸易统计数据库。

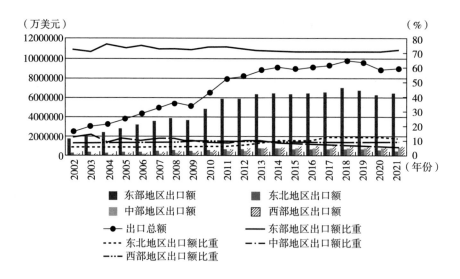

图3-6　2002~2021年中国四大区域农产品贸易出口额及比重的变化

资料来源：国研网对外贸易统计数据库。

年至今，波动调整阶段。东北地区、中部和西部地区出口比重小，西部、中部地区农产品出口比重略有上调。从2008年国际金融危机以后，相比中、西部地区，东北地区表现出明显的下降趋势，出口比重严重减少，2003 年出口比重占全国的 14%，到 2021 年，占比只有 6%，下降了 8 个百分点。西部、中部地区出口占比分别在 2010 年、2015 年开始反超东北地区，到 2019 年占全部出口比重分别为 13% 和 9%。

从进口的内部区域结构来看，占总进口额比重方面，如图 3-7 所示，东部地区由 87% 下降到 82%，下降了 5%；中部地区由 3% 上升到 6%，西部地区由 4% 上升到 7%，均上升了 3%；东北部地区由 7% 下降到 4%，上升了 3%。由此可见，东部地区进口额下降幅度最大，而中、西部地区进口额上涨幅度相当。农产品进口省份主要集中在广东省、山东省、江苏省、上海市、北京市，这 5 个省份占总进口额的 64%。

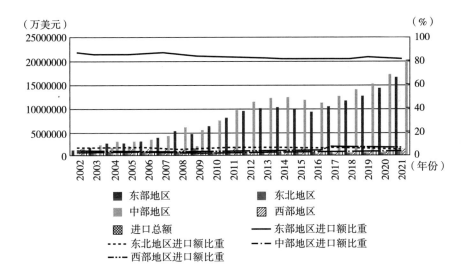

图 3-7　2002~2021 年中国四大区域农产品贸易进口额及比重的变化

资料来源：国研网对外贸易统计数据库。

第二，从省级结构来看，2002~2021 年中国 31 个省份农产品进出口贸易数据显示（见图 3-8），排名前十的省份占据外贸市场主导地位，十强省份对中国农产品外贸贡献突出，在中国农产品进出口贸易中比重保持在82%以上，主要包括广东、山东、江苏、浙江、辽宁、上海、福建、北京、吉林、天津、广西、云南在内的12个省份，只是随时间的推移位次发生了变化。三甲省份在中国农产品进出口贸易中比重由2002年的50%下降到2021年的40%，2002~2015年中国农产品外贸三甲省份是广东、山东、江苏，2016~2021年为山东、广东、上海。

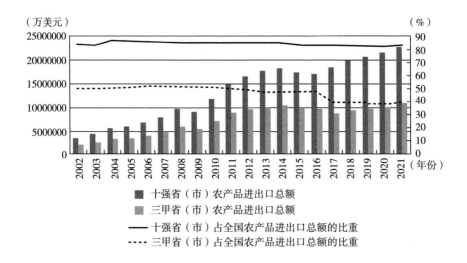

图3-8 省级农产品进出口规模及比例

资料来源：国研网对外贸易统计数据库。

省级农产品出口贸易规模与比例数据显示（见图3-9），山东、广东、浙江、江苏、福建等十强省份在中国农产品出口贸易中占比达到80%以上，拥有绝对优势，对出口贸易的依赖度相对较大。2002~2014年三甲省份为山东、广东、浙江，2015~2021年福建省超越浙江省，挤进三甲，三甲省份在中国农产品出口贸易中占比在45%~49%。

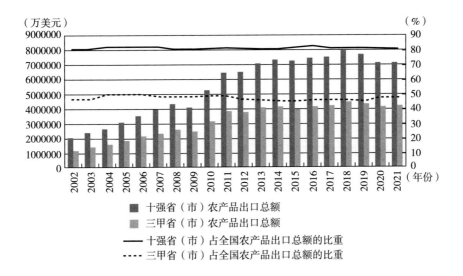

图 3-9　2002~2021 年中国省级农产品出口规模及比例

资料来源：国研网对外贸易统计数据库。

省级农产品进口贸易规模与比例数据显示（见图 3-10），2002~2021 年，十强省市在中国农产品进口贸易中占比由 93% 降到 85%，其峰值和低谷同时表现在基期和现期，主要包括广东、山东、江苏、上海、北京、浙江、辽宁、天津、福建、河北、广西、安徽，只是随时间的推移位次发生了变化。三甲省份在中国农产品进口贸易中占比由 2002 年的 58% 下降到 2021 年的 41%。2002~2015 年中国农产品外贸三甲省份是广东、山东、江苏，在中国农产品进口贸易中占比在 50% 以上，2016~2021 年上海和北京位居农产品贸易大省（市）第一和第三，三甲省份为上海、广东、北京，在中国农产品进口贸易中占比小于等于 50%，呈现逐渐下降趋势。

3.2.2.2　外部区域结构

全球农产品贸易体系一脉相连，随着粮食安全问题的国际化，中国农产品对外贸易依赖度持续加大，进出口的市场格局及其变化趋势变得敏感。外部层面主要从洲际方面分析外部区域结构。

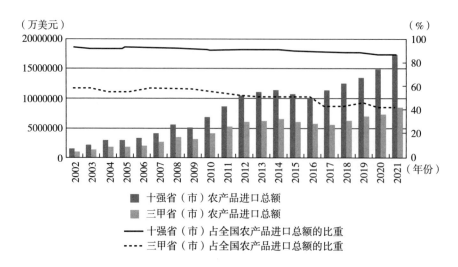

图3-10 2002~2021年中国省级农产品进口规模及比例

资料来源：国研网对外贸易统计数据库。

从洲际结构看，近20年中国与六大洲农产品进出口贸易总额变化亚洲占据主导地位，亚洲地区农产品进出口贸易约占中国农产品贸易总额的42%；其次农产品贸易极其重要的外部市场主要是拉丁美洲和北美洲，均占贸易总额的17%，欧洲比重为13%；最后大洋洲和非洲所占比重最低，分别为7%和4%（见图3-11）。2002~2021年，中国与亚洲进出口比重显著降低，由61%下降至36%；与拉丁美洲比重由2002年的8%上升至2021年的22%；与欧洲的比重在10%~16%徘徊。与六大洲农产品进出口规模在2008年、2016年及2019年发生转折，阶段性拐点突出。2002~2008年，中国与亚洲农产品贸易降幅最大，由61%下降至42%；与拉丁美洲升幅最大，由8%上升至19%；与北美洲、欧洲均呈波动上升状态，与大洋洲、非洲相对平稳。2009~2015年中国与六大洲农产品贸易处于平稳发展态势。2016~2019年，中国与各州农产品贸易比重有略微浮动。2019~2021年中国与亚洲、大洋洲农产品贸易比重下降趋势明显，与拉丁美洲、欧洲、北美洲农产品贸易比重上升趋势明显，与非洲农产品贸易比重保持稳定。

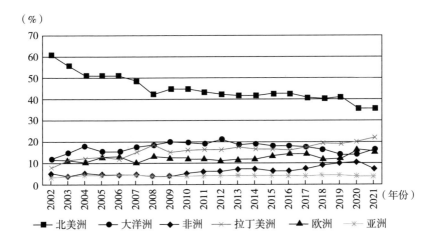

图 3-11　2002~2021 年中国与六大洲农产品贸易总额比重

资料来源：国研网对外贸易统计数据库。

从中国农产品进口贸易洲际结构变化情况来看，如图 3-12 所示，2002~2008 年中国与六大洲农产品进口呈现极不均衡、极不稳定态势；2009~2013 年与六大洲的进口变化相对平稳；2014~2019 年中国与欧洲、大洋洲、拉丁美洲的农产品进口呈现波动增加趋势，从亚洲的进口保持稳定，受中美贸易摩擦影响仅北美洲区域农产品进口下降明显；2020 年至今，疫情影响下，从亚洲、北美洲进口农产品呈现上升态势，尤其是从北美洲进口农产品呈现"U"形，波动幅度较大，仅与大洋洲进口农产品呈波动下降态势。

从中国农产品出口贸易洲际结构变化情况来看，2002~2021 年，中国对六大洲农产品出口发生明显的结构变化。如图 3-13 所示，农产品出口比重大小依次为：亚洲、欧洲、北美洲、非洲、拉丁美洲、大洋洲。2002~2008 年，中国出口亚洲的农产品比重持续下降，2008 年降至谷底，欧洲、非洲、大洋洲市场出口比重保持稳定，而对北美洲、拉丁美洲的出口比重呈上升趋势；2009~2013 年，仅大洋洲的出口比重有所增加，其他五个洲出口均保持平稳；2014~2019 年，出口亚洲、非洲市场的农产品比重保持平稳，对北美洲、拉丁美洲、欧洲市场的出

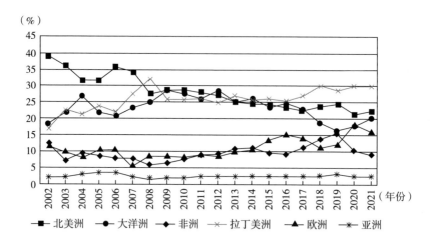

图3-12 2002~2021年中国从六大洲农产品进口比重变化

资料来源：国研网对外贸易统计数据库。

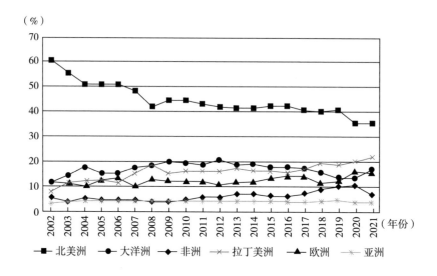

图3-13 2002~2021年中国向六大洲农产品出口比重变化

资料来源：国研网对外贸易统计数据库。

口波动比较大，尤其是2016~2019年，对大洋洲和拉丁美洲的出口比重均有所上升，而北美洲和欧洲在此区间则有所下降，2019年各洲均经历了起伏；以

2020 年为转折点，北美洲、拉丁美洲由降转升，大洋洲却由升反降，尤为突出的是对各洲农产品出口上下波动。由此，应该在维持对亚洲市场出口的基础上，拓展拉丁美洲和大洋洲市场多元化，稳住具有进口韧性的北美洲和欧洲市场。

3.3 中国农产品贸易发展的堵点分析

在 2020 年新冠肺炎流行的推波助澜下，为应对百年未有之大变局，国家提出加快形成以国内大循环为主体、国内国际双循环相互促进的新发展格局战略，对外需要优化贸易合作，对内需要畅通国内大循环。现阶段由于农业面临比较优势下降而带来食物自给率逐年下降的问题，并且中国存在进口依赖型农产品保供、稳供压力。这就要求，农产品贸易必须立足国内，在充分了解国内农产品生产及区域供应结构变动的基础上，根据我国农产品消费结构动态变化，合理、有效地利用国际市场国际资源，打造安全可靠的内外衔接农产品供应体系。"双循环"新发展格局下，国内农产品供给是基本保障，国内需求是农产品贸易的出发点和落脚点。秉持"双循环"重大风险可控制，中国农产品供给必须立足中国农产品供需市场，科学协调国内自产与国际进口平衡关系。由此，从基本逻辑出发，分析中国农产品国内国际双循环演进的关键变化，以判断"双循环"背景下中国农产品贸易面临的主要困境，是我国农产品贸易高质量发展亟须解决的重要问题。

从内外循环的供需来看，内需方面：内循环供需结构失衡。我国消费率偏低 10~15 个百分点，区域经济发展失调，市场存在多样性、多层级的农产品需求；紧跟时代发展潮流，消费结构升级，农产品供需矛盾深化，内需有待进一步激发。内供方面：内循环支撑力弱。中国资源短缺，供不应求；农产品生产成本持续升高，失去价格优势，满足国民日益增长的美好生活需要，必须高效利用国际市场、资源。外需方面：外循环动力不足。海外市场需求增长缓慢，关税壁垒持续加大，全球贸易增速下降，我国的蔬菜、水果、水产品等劳动密集型传统农产品出口量及出口额增速呈缓慢下行趋势，外需相当疲软。外供方面：新冠肺炎疫情、东非蝗灾、俄乌冲突等不确定因素导致出口国贸易政策不确定性问题，农产品供应市场不稳定，全球粮食安全形势异常严峻，各国"谨慎性"操作，实施出口限制；部分农产品对海外市场的集中且高度依赖潜藏着极大风险；粮食安全问题被能源化、武器化趋势明显，农产品价格波动将对国际农产品贸易结构造成深远影响。

3.4　本章小结

本章对中国农产品贸易的发展阶段、新特点进行分析。首先，对中国农产品贸易动态演化历程进行阶段划分；其次，分析中国农产品贸易发展的趋势及所面临的挑战。

重点对加入 WTO 后中国农产品贸易规模、区域结构方面的演变趋势进行阶段性描述分析。首先，对 2002~2021 年中国农产品贸易规模变动情况进行描述性统计分析，得出中国农产品贸易总规模在不断扩大，但是在 2008 年国际金融危机后进入百年不遇大变局的新阶段，出口增长趋弱，"大进小出"的格局已经常态化。近 20 年，进口规模占贸易总规模的 63.4%，出口规模占总规模的36.6%。贸易逆差走势与总规模走势相似，侧面反映出中国农产品贸易竞争力逐渐趋弱，出口规模不占优势，中国农产品消费潜力巨大，需求旺盛，进口规模持续扩大，需要防范进口依赖过高导致的风险。其次，从省际和国家层面分析中国农产品贸易的区域结构演变特征，研究得出，东、中、西部地区农产品贸易规模的整体差距始终较大，以山东、广东、江苏、上海、福建为主的东部省市在农产品进出口贸易中发挥巨大的作用；从洲际结构来看，亚洲一直在中国农产品贸易中占据主导位置，其中，进口区域结构在 2008 年国际金融危机后，即中国由国际循环为主步入国内国际双循环后，进口区域结构由亚洲为主转向拉丁美洲、亚洲、北美洲为主，以亚洲为主的出口区域结构也在 2008 年后逐步趋弱，尤其是疫情暴发后，对亚洲区域的出口比例下降至低位。

第4章　中国农产品贸易网络格局演变的特征分析

国际贸易合作进程中，伴随着世界各国经济、政治、文化等因素的交织，迄今已形成错综复杂的贸易网络格局。而农产品供需格局、贸易政策、地缘政治等因素的变化，使得全球农产品贸易网络日益复杂化。国与国之间的贸易关系并不会因为地理位置的相近而变得更加亲密，也不会因为地理位置的遥远而变得疏远。为了系统性理解和把握各国之间的农产品贸易关系，本章兼顾时空维度，以"网络和空间"为切入点，采用社会网络分析方法（SNA），打破了可以看得见的地理上或官方的架构格局，通过构建全球农产品贸易网络近20年的演变图谱，依据"全球—区域—国家"逻辑，有效地刻画与分析全球农产品贸易网络格局演化特征、趋势，尽可能客观、全面地剖析中国农产品贸易网络地位的变迁规律，有助于系统地判断中国农产品贸易网络动态演变规律，有助于更好地理解全球农产品贸易总体形势与中国农产品贸易高质量发展的外部挑战，为后续章节网络格局驱动因素研究奠定基础。

4.1 分析方法选择、数据来源及指标说明

4.1.1 社会网络分析

社会网络分析是研究社会结构最简明、最具说服力的研究方法之一。最初人们主要从经济学角度研究国际贸易网络特征，然而社会网络分析方法明显优于传统的经济学研究方法，可以深入研究国际贸易中成员国间的贸易关系，并对其结构特征进行全面表征。社会网络分析法（Social Network Analysis，SNA）起初由数学家从图形理论推导而来，之后用于网络结构进行有效的测量，它可以系统性理解和界定个体之间的关系，能够清晰地观察社会网络中行为主体之间的互动关系及其合作网络的结构特征。社会网络分析作为国际贸易研究的新视角，是对整体网络、行动者特征及行动者之间关系的分析，通过构建贸易网络实现对多个国家之间复杂的多边贸易关系的分析。

本章将参与农产品贸易活动的国家作为网络"节点"，国与国之间的农产品进出口关系作为"边"。贸易网络存在有向与无向、加权与无权之分，切实考虑贸易的方向性，本章的贸易网络为有向加权或有向无权网络。即可构建出农产品贸易网络系统，以 G =（V，S，A，W）来表示，其中，V ={ V_1，V_2，…，V_n}表示全球农产品贸易的参与国，S ={ S_{ij} }表示贸易国之间的关系，邻接矩阵 A ={ a_{ij} }表示全球农产品贸易有向无权网络，权重矩阵 W ={ W_{ij} }表示全球农产品贸易有向加权网络。无权网络一般用于描述整体网络特征，反映节点之间是否有连接，而加权网络则可以更深层次反映节点之间贸易关系的强弱。因此，本章以农产品贸易参与国之间的联系、贸易流量为权重，构建出世界农产品贸易的无权

和加权网络。根据网络的参数设定方法，当两国之间有贸易往来即 $W_{ij}>0$，则 $a_{ij}=1$；当两国无贸易往来即 $W_{ij}=0$，则 $a_{ij}=0$。

4.1.2 数据来源

本章从联合国商品贸易统计数据库的数据（UN Comtrade）中获取全球各国农产品进出口贸易数据，依据商品编码及协调制度（HS 制度）的商品归类标准，整理出 HS 编码第 1~24 章以及第 50~52 章，将两位数编码的贸易数据加总得到农产品贸易数据，单边农产品进出口额小于 1000 美元的未纳入统计。考虑到数据的完整性，结合国际重要事件时间节点，将时间窗口确定为 2002~2021 年。既可以系统地描述农产品贸易网络演化的规律，又能刻画出不同时间节点前后的差异特征。

4.1.3 指标说明

一国是全球贸易网络中的一个节点，各国贸易往来组成一张关系网。本章主要从整体特征和个体特征两方面展开分析。利用网络规模、网络密度、中心势、互惠性、聚类系数等刻画全球农产品贸易网络的整体特征，基于块模型，刻画区域之间关系及个体节点的区域位置，运用中心度、点强度等描述全球农产品贸易网络中的国别特征。

4.1.3.1 网络密度

网络密度（Density）主要用于衡量贸易网络中各国之间关系的紧密程度，以网络中实际出现的贸易关系数与可能出现的最大贸易关系数之比来表示。密度取值介于 0 到 1 之间，取值越大，说明网络中行动者之间的联系越紧密，行为越积极。本章有向贸易网络密度的计算公式如式 4-1 所示，其中，D 为贸易网络密度，m 表示网络中的实际贸易关系数，n 表示贸易网络中的参与贸易的国家总数量。

$$D = \frac{m}{n(n-1)} \tag{4-1}$$

4.1.3.2　网络中心性

贸易网络中，节点中心性的衡量指标一般包括中心势、中心度和点强度。整体网络中心势表示整个网络的中心度（趋势），即网络节点向某个中心靠拢的程度。整体网络结构越接近于星形，中心势越高，说明网络集中度越高，行动者联系越紧密。中心度是节点在网络中所处位置的一种属性，表明该节点的"重要性"，可以反映出节点对网络结构的"贡献"大小，也代表着网络中行动者的权力大小，可以测度一国在网络中的中心地位。点度中心度是指特定行动者之间存在的连带数量。一般运用相对度数中心度衡量不同规模网络中行动者的中心度，就某一特定行动者来说，其关系数量越多就说明点度中心度越高，相对网络中其他节点更重要。中介中心度是一个节点担任其他两个节点之间最短桥梁的次数，如果一个节点因为缺失使网络中其他节点之间失去联结，即突出一个行为者作为中介者或守门人控制其他行为主体的潜在能力，说明该节点的重要性。接近中心度用于衡量一个节点与网络所有节点的近邻程度。具体的指标、含义和计算公式如表4-1所示。对于网络中的行动者而言，点强度（Point Strength）可以进一步考虑行动者在网络中的关系强度，强度值越大，说明该点与别的行动者关系越紧密，在网络中地位越重要。点强度包括出强度和入强度，其中出强度表示两国之间出口量，入强度表示两国之间进口量。

表4-1　中心度指标含义及公式

中心度	含义	公式
点度中心度	与一个节点直接农产品贸易往来的其他节点的个数，分为入度和出度。入度：该行动者进口来源国的数量；出度：该行动者出口目的国的数量	$D_i^{out} = \sum_{j=1}^{n} X_{ij}$ 和 $D_i^{in} = \sum_{j=1}^{n} X_{ij}$ 分别表示节点的出度和入度
中介中心度	一个节点处于其他节点间最短路径上的能力，值越大，说明该行动者处于贸易网络核心位置，发挥中介作用	$B_j = \sum_{j}^{n} \sum_{k}^{n} \frac{g_{ijk}}{g_{ik}}$，$i \neq j \neq k$，$i<k$，$g_{ik}$ 为节点 i 与节点 k 之间存在的最短路径数，g_{ijk} 为节点 i 与 k 之间经过节点 j 的最短路径数

续表

中心度	含义	公式
接近中心度	表示一个节点与其他节点的最短路径之和，即到达其他节点的距离。有向网络中，入接近中心度：其他节点进入该点的最短路径之和；出接近中心度：该点出到其他节点的最短路径之和。接近中心度越大说明节点进出口整合能力越强，同时也说明与其他节点连接程度越低	$C_i = \sum_{j=1}^{n} d_{ij}$，$d_{ij}$ 表示节点 i 和 j 之间的捷径距离

4.1.3.3 互惠性

互惠性用于反映社会网络中成员之间的关系是否具有相互性，也就是说任何一对成员之间是否相互"选择"，是否为邻接点。是指整体网中具有进出口双向贸易流的数量与网络中总连线数的比例（取值介于 0 到 1 之间）。取值越大，说明网络中成员国之间贸易关系的相互性越强，彼此产生影响的可能性越大。

4.1.3.4 聚类系数

聚类系数通常表示一个节点一度连接的节点中，实际的边数与最大边数之比。聚类系数的目标是比较群组的聚合紧密程度与其能够达到的聚合紧密程度。一个节点的局部聚类系数体现处其邻接点之间相互连通的可能性。聚类系数代表任意两个贸易伙伴国之间的连接程度，取值范围为 [0，1]。其中，越接近 1 表示该国的伙伴国之间凝聚程度越高，说明邻接节点之间连通性越强。

4.1.3.5 平均路径长度

一个社会网络中，所有最短路径之和的平均值等于这个网络的平均路径长度。平均路径长度在贸易网络格局分析中用贸易网络中任何两个节点间最小路径的平均值，其分值大小代表着信息传递的快慢，分值越小表示贸易运输效率越高。

4.1.3.6 社团结构

社团结构是社会网络普遍存在的拓扑特征之一，可以探测和解释行动者之间的联结模式。网络社团是由多个网络节点结合而成的节点子集合，子集合之间节点的连线相对稀疏，而子集合内部节点之间的边则相对更密集，采用块模型分析方法将贸易网络中所有国家按照板块分割标准进行分块，观察不同时期不同模块的分化程度，可以进一步明确板块内部和板块之间的关系及节点区位，判断市场变动趋势。用模块度来衡量模块划分的程度，其取值范围为［-1，1］，模块度越大则分化程度越明显；反之，模块度越小分化程度越不明显。有权网络下的模块度计算公式为：

$$Q = \frac{1}{2m} \sum_{ij} \left[W_{ij} - \frac{s_i s_j}{2m} \delta(v_i, v_j) \right] \tag{4-2}$$

其中，m 为整体网络贸易流量加总；W_{ij} 表示节点 i 和节点 j 之间的贸易流量；s_i、s_j 分别表示节点 i 和 j 的全部贸易流量之和；$\delta(v_i, v_j)$ 表示 i 和 j 是否属于同一个社团，若两国同属一个社团，则 $\delta(v_i, v_j) = 1$，否则 $\delta(v_i, v_j) = 0$。

4.2　全球农产品贸易网络格局演变特征

利用 Ucinet6.0 软件对 2002~2021 年全球农产品贸易双边数据进行矩阵化及二值化处理，构建有向无权农产品贸易网络，通过测算节点数、边数、网络密度、互惠性、出度中心势及入度中心势等关键指标，分析并描绘出整体网络的拓扑结构特征。基于加权计算的贸易网络指标（模块化、点强度），分析区域联系及个体特征。

4.2.1　整体网络特征

网络联通性增强。由表 4-2 可知，2002~2021 年，全球农产品贸易联系程度呈加强态势。贸易主体由 227 个增至 231 个，贸易边数由 14352 条增长到 20406

条，增长了42.2%。全球农产品贸易网络密度为波动上升态势，由2002年的
0.279增加到2021年的0.384，主要是在2008年有略微下降，2020年疫情对全
球经济、国际农产品贸易造成重大影响，网络密度由0.399下降至0.381。聚类
系数变化幅度较小，保持在0.73~0.79。所测算年度中2002年全球农产品贸易
网络聚类系数最大，邻近国家间农产品贸易联系紧密，网络节点的聚集程度较
高。此后到2008年的金融危机发生，出现聚类系数下滑。2008~2021年聚类系
数整体表现出波动上升趋势，这表明全球农产品贸易网络局部聚类性趋于紧密。
平均路径长度表现出逐步缩短的态势，2021年贸易国之间网络联通仅需1.62步，
由此说明，全球农产品贸易网络呈现典型的"小世界"特征，各国之间网络信
息传递效率较高。

表4-2 2002~2021年部分年份全球农产品贸易整体网络相关指标

指标	2002年	2005年	2008年	2011年	2014年	2017年	2019年	2020年	2021年
节点数	227	227	229	230	231	231	231	231	231
边数	14352	17780	19536	20236	20784	21540	21238	20283	20406
网络密度	0.279	0.346	0.374	0.384	0.391	0.405	0.399	0.381	0.384
平均路径长度	1.727	1.659	1.639	1.625	1.615	1.599	1.606	1.626	1.624
聚类系数	0.786	0.741	0.725	0.727	0.753	0.744	0.757	0.762	0.768

资料来源：根据 Ucinet 处理数据整理。

贸易互惠性不断增强。由图4-1可知，2002~2021年，网络互惠性指数增幅
不大，从0.600增长至0.621，但是整体呈"U"形波动趋势。可能因20世纪90
年代区域自由贸易组织不断成立的助推，2002年农产品贸易互惠指数较高，而
逆全球化回潮，2002~2008年农产品贸易互惠指数下滑明显。尤其是受金融危机
的影响，2008年前后发生明显的波动，此后，互惠性指数出现报复性反弹，表
现出积极的信号，即使在2020年受疫情影响下，各国仍倾向于建立互惠贸易关

系，全球农产品贸易参与国之间互惠指数逐步攀升势头。由此说明，贸易双方主体互为农产品进出口国，彼此信任度高，农产品贸易具有较强的稳定性较强。

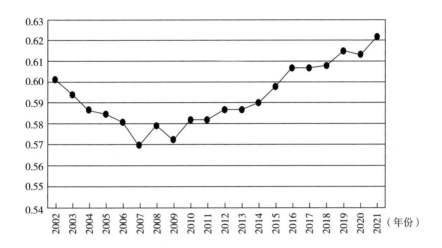

图 4-1　2002～2021 年全球农产品贸易互惠性指数

资料来源：根据 Ucinet 处理数据整理。

网络中心势波动性较小。由图 4-2 可知，在无权网络中，农产品贸易网络呈去中心化趋势。整体来看，2002～2021 年，出度中心势大于入度中心势，入度中心势相对波动幅度较大。出度中心势从 2002 年最高值 0.670 下降为 2019 年的最低值 0.524，后出现明显的上升趋势，2021 年上升至 0.561。可能因疫情影响，农产品出口国家集中度有所上升。入度中心势从 2002 年最高值 0.630 下降为 2021 年最低值 0.491，其间，2014 年、2019 年出现跳跃式上升，2020～2021 年则于入度中心度反其道而行之，出现明显的下降趋势。可能是受疫情等不确定因素影响，粮食安全问题成为全球关注的重点问题，各国限制出口，农产品进口国相对分散整体来看，农产品出口网络集中性高于进口网络的集中性。

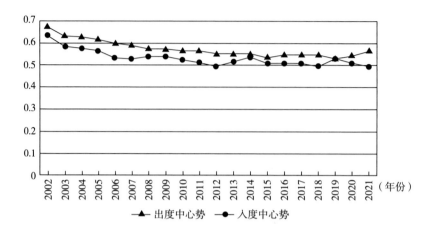

图 4-2　2002~2021 年农产品贸易网络中心势

资料来源：根据 Ucinet 处理数据整理。

4.2.2　空间演化特征

运用网络分析软件 Gephi，选取 2002 年、2008 年、2019 年、2021 年 4 个时间截面的农产品贸易关系数据，绘制社团划分图，探讨全球农产品贸易网络社团空间格局演化特征。从图 4-3 来看，2002 年共检测出 3 个社团：社团一以南美洲、欧洲、非洲部分国家为主，呈现以巴西、阿根廷、俄罗斯为核心的 44 个国家和地区组团；社团二共有 81 个经济体，包含了以德国、法国、荷兰等为核心的欧洲国家，分布较分散的部分南非国家，北美的格陵兰；社团三的数量最多，区域最广，主要涉及以美国为核心的北美洲国家，以中国、日本为核心的亚洲国家，共 100 个国家。如图 4-4 所示，2008 年划分出 3 个社团：社团一范围扩大，形成以巴西、俄罗斯、阿根廷、印度、土耳其、乌克兰为核心的 90 个国家和地区，包括非洲、亚欧及南美洲组团。社团二是由 40 个国家和地区组成的欧洲组团，包括德国、荷兰、法国、意大利、英国、比利时、丹麦等国家，贸易规模占整个贸易网络的 48.1%。社团三属于亚太社团（环太平洋地区），包括了美国、中国、加拿大、日本、墨西哥、泰国、马来西亚等在内的 92 个国家和地区。从图 4-5 可以看出，2019 年社团最多，共划分了 5 个社团，社团一主要包括以美国、加拿大、墨西哥为代表的北美洲国家，以日本、韩国、菲律宾为代表的亚洲国家，共 49 个国家和地区；社团二涉及北非—西亚地区的巴西、阿根廷、土耳其、智利等 32 个国家和地区；社团三包括了肯尼亚、乌干达、赞比亚等在内的 7 个中非国家；社团四中 67 个国家和地区主要分布在欧洲和南非，核心国家有德国、荷兰、法国、意大利、西班牙、英国、比利时、波兰、丹麦等；社团五包括了中国、越南、印度、俄罗斯、印度尼西亚、泰国、澳大利亚、马来西亚等在内的 76 个国家和地区，属于亚欧组团。如图 4-6 所示，2021 年呈现整合重组的演化特征，共检测出 4 个贸易社团，社团一共 72 个国家，包括以巴西、阿根廷为代表的北美洲国家，以俄罗斯、乌克兰为代表的东欧国家，以印度、巴基斯坦为代表的南亚国家，以乌兹别克斯坦、哈萨克斯坦为代表的中亚国家及非洲部分国家和地区；社团二是以德国、荷兰、法国、意大利、西班牙、英国、比利时、波兰等 62 个经济体组成的欧洲社团为主；社团三是环太平洋的亚太社团，包括美国、中国、加拿大、墨西哥、日本、印度尼西亚、越南、泰国等 85 个经济体；社团四共 12 个国家和地区，主要集中在南部非洲。

　　总体来看，2002~2021 年农产品贸易网络呈现分化重组的演变特征。2002~2008 年属于整合期，可能有部分原因是区域性组织成立、自由贸易协定签订推动作用。社团一和社团二明显由分散向集中演变，欧美亚部分区域整合，站稳三足鼎立。2008~2019 年则出现明显的分化，原有的亚太组团分化成欧亚—北美组团，非洲和南美洲区域内部结构趋于松散，地理空间上组团分布格局十分松散，值得注意的是，非洲区域出现单独的社团。2021 年再次重新调整，环太平洋社团在贸易网络中地位超越欧洲社团，占整个贸易网络比值分别为 41.23%、39.54%，而南部非洲组团也出现集中趋势。

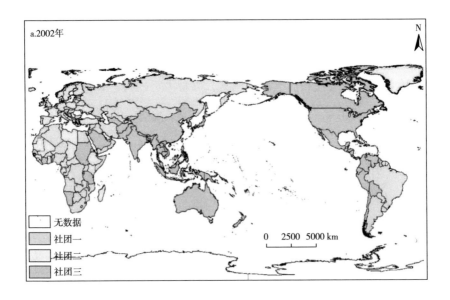

图4-3 2002年全球农产品贸易社团划分图①

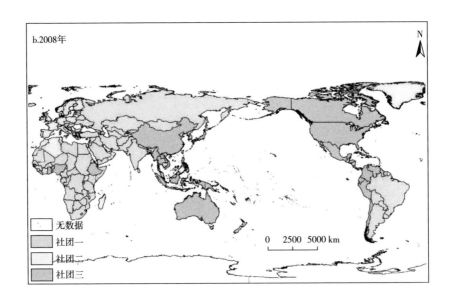

图4-4 2008年全球农产品贸易社团划分图

---

① 图4-3、图4-4、图4-5、图4-6均基于自然资源部标准地图服务网站审图号为GS（2016）1666号世界标准地图制作，底图无修改。

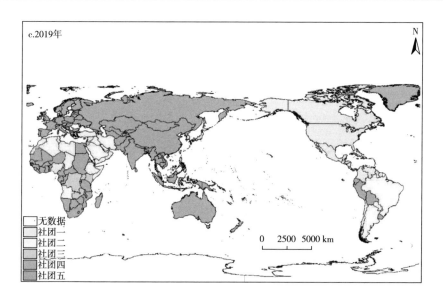

图 4-5　2019 年全球农产品贸易社团划分图

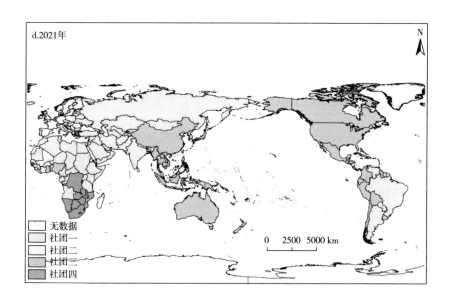

图 4-6　2021 年全球农产品贸易社团划分图

4.2.3 行动者特征

全球农产品贸易网络中，每个节点位置不同，发挥不同的作用。本章针对无权有向贸易网络，从点度中心度、中介中心度、紧密中心度三个层面测量一个节点在网络中的重要程度。进一步构建加权贸易网络，通过测度网络节点的强度等指标，更好地描述行动者的地位变迁，准确把握全球农产品贸易网络内部的演变规律。

第一，出入度核心大国稳中有变。2002~2021 年，全球农产品贸易网络出入度核心国相对固定，演变过程中存在潜在变动。如表 4-3 所示，出度中心度排名靠前的国家有：美国、法国、英国、荷兰等国家，分布于北美洲、欧洲、亚洲。具体来看，2002~2011 年，美国长期居于贸易的核心地位，2014~2021 年，排名第一位明显变化，2017~2019 年、2021 年，荷兰农产品贸易联系关联程度位居榜首，而巴西也在 2019~2021 年冲进前十排行榜，并表现出明显的优势。说明这些国家在全球农产品贸易市场中拥有多元化的出口目的伙伴国，同时也表明其农产品受欢迎程度较高，可以更好地把握并防控贸易风险。从入度中心度来看，进口贸易网络中心位置的国家发生变化，高度集中在欧洲、北美洲等区域，2011~2021 年，捷克、阿联酋等国家陆续挤进前十，这也说明这些国家进口来源范围广泛，可以灵活选择伙伴国，可有效防范"卡脖子"风险。

表4-3　全球农产品贸易点度中心度排名前十的国家演变情况

年份	1	2	3	4	5	6	7	8	9	10
点出度										
2002	美国	德国	英国	法国	荷兰	意大利	泰国	丹麦	澳大利亚	西班牙
2005	美国	荷兰	德国	英国	法国	意大利	泰国	印度	澳大利亚	比利时
2008	美国	法国	荷兰	英国	意大利	德国	比利时	泰国	马来西亚	中国
2011	美国	英国	泰国	荷兰	马来西亚	新西兰	意大利	法国	印度	中国

续表

年份	1	2	3	4	5	6	7	8	9	10
点出度
2014	泰国	美国	法国	英国	荷兰	比利时	德国	意大利	马来西亚	新西兰
2017	荷兰	法国	意大利	英国	美国	比利时	泰国	马来西亚	西班牙	丹麦
2019	荷兰	美国	法国	英国	意大利	德国	巴西	比利时	泰国	印度
2020	美国	荷兰	巴西	法国	意大利	德国	英国	印度	泰国	比利时
2021	荷兰	美国	比利时	巴西	英国	法国	德国	意大利	印度	加拿大
点入度
2002	德国	美国	法国	英国	西班牙	加拿大	日本	意大利	荷兰	奥地利
2005	美国	德国	法国	加拿大	英国	日本	荷兰	意大利	西班牙	比利时
2008	法国	美国	德国	英国	加拿大	日本	西班牙	荷兰	波兰	比利时
2011	法国	塞舌尔	美国	德国	加拿大	英国	日本	西班牙	荷兰	中国
2014	法国	美国	德国	荷兰	英国	加拿大	日本	西班牙	中国	捷克
2017	法国	美国	加拿大	德国	日本	英国	西班牙	荷兰	捷克	奥地利
2019	法国	美国	英国	德国	加拿大	荷兰	日本	捷克	西班牙	波兰
2020	美国	英国	加拿大	德国	阿联酋	荷兰	法国	捷克	波兰	日本
2021	美国	荷兰	法国	德国	加拿大	英国	阿联酋	日本	捷克	波兰

资料来源：根据 Ucinet 处理数据整理。

第二，核心贸易国中介地位整体下滑，出口国中心地位竞争激烈。2002～2021 年，根据节点中介中心度与接近中心度的时空演变特征，如表 4-4 所示，农产品核心贸易国中介中心度和接近中心度出现下降、上升波动。以美国为例，中介中心度由 2002 年 2741.77 下降至 2021 年的 1794.84，在此期间，2017 年甚至降至 1314.85，说明美国在全球贸易网络中的中介中心地位整体下滑。美国、英国、法国、荷兰、加拿大等国中介中心度和接近中心度较高。高中介中心度意味着这些国家在全球农产品贸易网络中发挥重要的"枢纽"作用，具备较高的控制力。高接近中心度意味着这些国家与其他个体之间的距离较短，说明该节点不受其他行动者"控制"的能力越强，依赖程度越小，紧密的贸易联系也说明具有掌握信息技术等资源的优势，其行为决策也将对全球农产品贸易市场造成波动,因此应该注意高接近中心度国家的农产品贸易发展趋势及政策调整。值得注意的是,2002~2011 年,美国出口国接近中心度排名第一,后出现下降,取而代之的是荷兰,2017~2021 年,接近中心出度排名首位,这也说明荷兰出口影响力增强,但 2020 年、2021 年美国的中介中心度排名第一,反映出虽然美国自身中心地位下降,但对贸易网络的控制能力较强,使得出口影响力稳定。分析结果表明,中介中心度、接近中心度排名前十国家的重复率高达 70%,这些国家具备较高的控制能力,同时在农产品供需方面存在依赖性及脆弱性。而对比不同时间节点,农产品出口国中介中心度整体下降削弱了贸易控制力,中心地位竞争激烈。

表 4-4 全球农产品贸易中介中心度和接近中心度前十位国家的演变情况

指标	年份	1	2	3	4	5	6	7	8	9	10
中介 中心度	2002	德国 3018.97	美国 2741.77	法国 1914.53	英国 1760.60	意大利 1600.04	荷兰 1379.94	加拿大 1315.75	西班牙 1292.07	澳大利亚 1292.07	日本 1155.39
	2005	德国 2081.85	美国 2020.10	加拿大 1565.71	法国 1491.16	荷兰 1402.39	英国 1364.90	意大利 1135.29	澳大利亚 890.90	日本 890.51	巴基斯坦 854.69
	2008	法国 1644.32	美国 1570.90	英国 1373.64	加拿大 1297.02	德国 1175.33	澳大利亚 987.07	荷兰 939.73	比利时 919.72	意大利 910.05	日本 784.38
	2011	美国 1655.32	法国 1329.97	加拿大 1310.55	英国 1304.43	澳大利亚 985.96	德国 885.78	西班牙 848.99	日本 844.81	荷兰 834.43	意大利 829.01
	2014	法国 1827.53	美国 1465.81	荷兰 1256.70	英国 1165.43	德国 1084.82	泰国 1064.82	澳大利亚 1057.54	加拿大 975.80	西班牙 800.16	新西兰 783.54
	2017	德国 1906.70	美国 1314.85	法国 1295.43	英国 1244.46	意大利 968.25	荷兰 911.52	加拿大 839.08	西班牙 793.03	澳大利亚 787.69	日本 751.77
	2019	法国 1786.95	英国 1499.26	加拿大 1477.64	美国 1345.66	荷兰 1186.27	德国 925.72	澳大利亚 876.38	新西兰 790.21	西班牙 728.16	波兰 728.07
	2020	美国 1788.88	英国 1475.18	加拿大 1178.11	法国 1064.65	荷兰 1046.38	德国 1032.13	西班牙 1024.12	澳大利亚 972.31	波兰 911.28	阿联酋 872.72
	2021	美国 1794.84	荷兰 1685.93	加拿大 1248.64	法国 1229.62	英国 1147.09	德国 1021.22	比利时 1007.47	澳大利亚 888.38	波兰 881.99	西班牙 768.77

续表

指标	年份	1	2	3	4	5	6	7	8	9	10
出接近中心度	2002	美国 0.942	德国 0.926	英国 0.922	法国 0.911	荷兰 0.900	意大利 0.886	泰国 0.879	丹麦 0.873	澳大利亚 0.863	西班牙 0.859
	2005	美国 0.958	荷兰 0.934	德国 0.926	英国 0.926	法国 0.900	意大利 0.900	泰国 0.900	印度 0.893	澳大利亚 0.890	比利时 0.890
	2008	美国 0.946	法国 0.916	荷兰 0.916	英国 0.908	意大利 0.908	比利时 0.905	德国 0.905	马来西亚 0.905	泰国 0.905	中国 0.891
	2011	美国 0.939	英国 0.912	泰国 0.909	荷兰 0.905	马来西亚 0.902	法国 0.898	意大利 0.898	新西兰 0.898	印度 0.888	中国 0.884
	2014	泰国 0.943	美国 0.935	法国 0.931	英国 0.927	荷兰 0.927	比利时 0.916	德国 0.906	意大利 0.902	马来西亚 0.898	新西兰 0.895
	2017	荷兰 0.950	法国 0.931	英国 0.920	意大利 0.920	美国 0.920	比利时 0.909	泰国 0.906	马来西亚 0.902	巴西 0.898	德国 0.898
	2019	荷兰 0.927	法国 0.920	美国 0.920	英国 0.916	意大利 0.913	巴西 0.902	德国 0.902	比利时 0.898	泰国 0.898	印度 0.895
	2020	荷兰 0.920	美国 0.920	巴西 0.906	法国 0.906	德国 0.895	意大利 0.895	英国 0.891	印度 0.888	泰国 0.888	比利时 0.885
	2021	荷兰 0.947	比利时 0.920	美国 0.920	巴西 0.916	英国 0.913	法国 0.909	德国 0.895	意大利 0.891	加拿大 0.888	印度 0.888
入接近中心度	2002	德国 0.915	美国 0.890	法国 0.876	英国 0.850	加拿大 0.84	西班牙 0.84	日本 0.837	意大利 0.834	荷兰 0.816	奥地利 0.799
	2005	德国 0.915	美国 0.904	法国 0.897	加拿大 0.869	英国 0.856	日本 0.853	荷兰 0.846	西班牙 0.834	意大利 0.834	比利时 0.813
	2008	法国 0.916	美国 0.891	德国 0.877	加拿大 0.867	英国 0.867	日本 0.835	西班牙 0.823	荷兰 0.820	波兰 0.820	比利时 0.817
	2011	法国 0.895	塞舌尔 0.881	美国 0.881	德国 0.854	加拿大 0.851	英国 0.851	日本 0.830	西班牙 0.827	荷兰 0.824	中国 0.815
	2014	法国 0.920	美国 0.878	德国 0.861	荷兰 0.852	加拿大 0.846	英国 0.846	西班牙 0.821	日本 0.821	中国 0.819	捷克 0.816
	2017	法国 0.909	美国 0.878	加拿大 0.871	德国 0.865	日本 0.836	英国 0.833	西班牙 0.83	荷兰 0.827	捷克 0.819	奥地利 0.810
	2019	法国 0.924	美国 0.885	英国 0.881	加拿大 0.865	德国 0.865	荷兰 0.842	捷克 0.836	日本 0.836	西班牙 0.827	波兰 0.821

续表

指标	年份	1	2	3	4	5	6	7	8	9	10
入接近中心度	2020	美国 0.898	英国 0.858	加拿大 0.855	阿联酋 0.852	德国 0.852	法兰西 0.833	荷兰 0.833	捷克 0.830	波兰 0.827	西班牙 0.824
	2021	美国 0.888	法国 0.868	荷兰 0.868	德国 0.865	加拿大 0.861	英国 0.849	阿联酋 0.842	捷克 0.839	日本 0.839	波兰 0.833

资料来源：根据 Ucinet 处理数据整理。

第三，出入强度大国地位相对固定，排名存在波动，空间错位分布。为了进一步考虑贸易关系的强度，表4-5中列出部分年份农产品贸易进出口额排名前十的参与国。从出强度来看，农产品贸易网络中核心出口国相对稳定，主要有美国、荷兰、中国、德国、法国、意大利等。其中，美国和荷兰的贸易地位稳居第一、第二，比利时已淡出前十圈。从入强度来看，中国、美国、德国、日本等国农产品进口规模排名靠前。其中，美国、日本、德国的进口贸易地位相对稳定，中国的进口贸易地位则明显提升。综合考虑入度和出度，美国是加权贸易网络的核心。从具体的分布情况来看，2002 年出强度较大的国家主要为北美洲的美国、加拿大，西欧的法国、荷兰、比利时，中欧的德国，南欧的西班牙，南美洲的巴西，亚洲的中国。2008 年后南美洲的巴西、南亚的印度显示出较大的出强度。2002~2020 年，出强度重心稍向亚洲偏移，入强度重心区域变化不大。总体来看，少数贸易大国占据着网络的中心位置，全球农产品网络主要出口国和进口国相对固定，但地位出现排名波动，且空间错位分布。

表 4-5   全球农产品贸易点强度排名前十位国家的演变情况

排名	2002 年		2008 年		2014 年		2019 年		2020 年	
	出强度	入强度	出强度	入强度	出强度	入强度	出强度	入强度	出强度	入强度
1	美国	美国	美国	美国	美国	美国	美国	美国	美国	中国
2	法国	日本	荷兰	德国	荷兰	中国	荷兰	中国	荷兰	美国

续表

排名	2002年		2008年		2014年		2019年		2020年	
	出强度	入强度	出强度	入强度	出强度	入强度	出强度	入强度	出强度	入强度
3	荷兰	德国	德国	日本	德国	德国	中国	德国	中国	德国
4	德国	英国	法国	英国	中国	日本	德国	日本	德国	荷兰
5	中国	法国	巴西	中国	巴西	英国	巴西	荷兰	巴西	日本
6	意大利	意大利	中国	法国	法国	荷兰	法国	英国	法国	英国
7	比利时	荷兰	意大利	意大利	西班牙	法国	西班牙	法国	西班牙	法国
8	西班牙	比利时	比利时	荷兰	加拿大	意大利	意大利	意大利	意大利	意大利
9	加拿大	西班牙	西班牙	西班牙	意大利	俄罗斯	加拿大	西班牙	加拿大	西班牙
10	巴西	中国	加拿大	比利时	印度	西班牙	印度	加拿大	印度	加拿大

资料来源：根据 Ucinet 处理数据整理。

4.3　中国在全球农产品贸易网络中的地位分析

全球农产品贸易网络格局演变受个体网络的影响，同时，也在一定程度上促使个体网络格局转变或重塑。根据网络理论的基本假设（一个个体在网络中的位置会影响其所面临的机会和所受的限制，从而影响其绩效、态度、行为等结果），将中国置于全球农产品贸易网络系统中，探索贸易网络格局演变过程中的结构特征，并关注中国在整体网络中的地位变迁。

4.3.1　进出口交易能力提升

如表4-6所示，从中国农产品贸易节点强度演变情况可以看出，中国在全球农产品贸易网络中的参与程度较高，出强度与入强度排名升至前三位，与"贸易大国"的头衔完全吻合。2002~2021 年，出强度与入强度的差异明显，具体可以分为三个变化阶段。2002~2007 年，农产品进出口贸易额同步增加，出口额由 192.6 亿美元增长至 412.2 亿美元，排名保持在第 5 位；进口额由 193.4 亿美元增长至 431.2 亿美元，排名从全球第 10 位升至第 7 位。2008~2016 年，入强度走高趋势明显，出强度则相对平稳，排名跃升至前 3 位。2017~2021 年，入强度增幅接近 2 倍，尤其是 2021 年同比增长了 30%，站稳全球第一大农产品进口国位置；入强度增长疲软，甚至在 2020 年出现下降，可能与疫情影响有关，但名列第 3。

表 4-6　中国农产品贸易节点度与点强度及其排名情况

年份	点出度	点出度排名	点入度	点入度排名	出强度/亿美元	出强度排名	入强度/亿美元	入强度排名
2002	189	12	148	15	192.6	5	193.4	10
2003	193	12	149	17	234.4	5	237.3	10
2004	194	12	153	17	256.3	5	268.5	7
2005	193	15	159	15	308.2	5	309.6	7
2006	199	10	166	15	358.5	5	344	7
2007	200	10	169	13	412.2	5	431.2	7
2008	200	10	171	13	454.8	6	600	5
2009	200	11	172	11	436.2	6	542.5	5
2010	201	6	180	7	561.9	4	741.4	3
2011	201	10	179	10	692.4	5	953.3	3
2012	202	9	177	10	694.6	5	1139.2	2
2013	201	13	172	13	745.2	4	1211.9	2
2014	200	15	181	9	768.2	4	1239.7	2
2015	202	12	180	10	750.7	2	1184.2	2
2016	204	9	176	12	757.7	3	1125.1	2
2017	200	17	176	13	786.7	3	1269.5	2
2018	200	16	184	8	832.9	3	1395.8	2
2019	199	14	180	11	825.6	3	1519.3	2

续表

年份	点出度	点出度排名	点入度	点入度排名	出强度/亿美元	出强度排名	入强度/亿美元	入强度排名
2020	198	15	174	14	756.1	3	1721.7	1
2021	197	15	174	14	862.5	3	2221.7	1

资料来源：根据 Ucinet 处理数据整理。

4.3.2　出口参与度优于进口参与度

从表 4-6 中中国农产品贸易的出入度数值及其排名演变特征可知，2002～2021 年，中国在农产品贸易网络中参与范围较大，其中，出口目的国伙伴数量稳定在 200 个左右，多数年份超 200 个。相对来说，2002～2009 年，进口来源伙伴数量稳步上升，2010～2021 年，入度数水平徘徊不前，进口来源国较为集中，并且在 2020 年出现小幅反弹。点入度和点出度的排名波动较大，虽然出入度值有所提升，但排名没有发生明显变化，由此也表明，全球各国农产品贸易进出口联系不断加强，贸易伙伴国多元化，侧面反映出国际市场竞争越来越激烈。

4.3.3　高进口依赖性与低市场控制力

中国的强入度和强出度证实了贸易大国的地位，但是中国在全球农产品贸易网络中的影响有限，且话语权弱，与"贸易强国"有一定的差距，。从中国的接近中心度和中介中心度的排名情况来看（见图 4-7），2002～2021 年中国中介中心度呈下降趋势，最高排名为 2014 年的第 11 位，最低排名为 2017 年、2021 年的第 24 位，说明中国对资源的控制力逐渐弱化。入接近中心度和出接近中心度呈平行波动下降态势，尤其是在 2017 年、2020 年、2021 年，恰是中美贸易摩擦深化、疫情影响时期，说明中国农产品进出口贸易受外在因素的影响，独立性差，反而容易被控制，对全球农产品市场的依赖性较强。

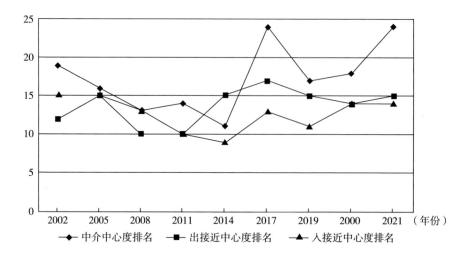

图 4-7 中国中介中心度和接近中心度全球排名

资料来源：根据 Ucinet 处理数据整理。

4.4 本章小结

本章依据社会网络理论，运用社会网络分析方法，选取 2002～2021 年全球农产品贸易数据，从全球、区域、国家三个层面分析全球农产品贸易网络空间结构特征，探讨了中国在全球农产品贸易网络中的地位变迁，得出以下结论：

第一，全球农产品贸易关系趋于复杂化，整体联系程度增强。2002～2021年，贸易联系数量由 14352 条增长到 20406 条，网络密度呈波动上升态势，聚类系数范围介于 0.73～0.79，平均路径长度逐渐缩短至 1.6，全球农产品贸易网络表现出"小世界"特征，聚类程度和传输效率越来越高，联通性不断增强。

第二，全球农产品贸易网络不同时期呈现不同的社团特征，整体表现出分化调整的动态演变过程。从社团的稳定性来看，其中以欧洲发达国家为核心的欧亚非组团，以俄罗斯为核心的东欧组团，以美国、中国为核心的亚太组团，以巴西、阿根廷为核心的南美组团均属于核心结构，且各组团的贸易规模持续扩大。从空间布局表现来看，各组团具有邻近性，但分布不连续，尤其是2019年农产品贸易社团数量最多，特征突出。

第三，各国在全球农产品贸易网络中的位置不同，核心国大国相对稳定。美国、法国、英国、荷兰、德国、意大利、泰国、比利时等核心出口国地位稳定，巴西近几年表现出强烈的农产品出口优势；美国、法国、德国、加拿大、英国、荷兰、日本是农产品进口大国，阿联酋、捷克等国近几年农产品进口伙伴国数量增加。美国、英国、法国、荷兰、加拿大等国"中介"地位突出，具有较强的国际市场控制力。荷兰近几年农产品出口控制力提高。进出口大国地位相对固定，但存在排名波动，空间错位分布。

第四，中国在全球农产品贸易网络中的地位不断提升。整体来看，进出口交易能力有所提升；出口目的国伙伴数量整体比进口来源国数量多，出口参与度优于进口参与度；中国在国际农产品市场的"枢纽"作用并不凸显，话语权弱，控制能力有限，且进口依赖程度较高，易受不确定因素影响。

第5章 中国参与全球农产品贸易网络格局演变的驱动因素分析

全球各国构成一个庞大的贸易网络系统，参与国既是全球贸易演变的推动者，也受到贸易格局转变过程中多重因素的影响。粮食安全是人类可持续发展的重要保障，传统意义上的粮食生产不足已经转变为分配、供应不平衡问题。国际间农产品贸易极大地促进了粮食安全，全球农产品贸易格局的演变是各国聚焦的重点。2008 年金融危机以来，国际贸易格局转变，各国维护自身粮食安全，致使农产品贸易趋于紧缩，尤其是 2018 年中美贸易摩擦升温，对中国参与国际农产品贸易格局造成了很大的影响。中国作为全球农产品贸易网络中的重要节点，应该牢牢把稳参与国际农产品贸易的方向盘，统筹好国内国际两种市场资源，因此，进一步分析中国参与全球农产品贸易网络的影响因素，有利于维护好中国农产品国际贸易网络稳定，为农产品贸易发展战略提供强有力的理论支撑和决策参考。

5.1 变量选取与数据来源

基于前人的研究贡献，经济、社会、文化、地理、制度等因素对国际贸易网络格局驱动效能不同[195-197]。邻近性原则、资源禀赋、政治稳定、技术创新、贸易协定等可能是影响贸易网络形成的主要因素。本章参考王介勇等[198]、管靖等[199] 研究成果，试从自然、经济、地理文化、制度政治、可持续发展等方面探究农产品贸易网络演变的驱动因素（见表 5-1）。结合前文构建的全球农产品贸易网络，选取 40 个点度数和点强度大的国家（地区）代表中国参与全球农产品贸易核心网络，主要包括：美国、法国、荷兰、德国、中国、巴西、意大利、比利时、西班牙、加拿大、阿根廷、英国、墨西哥、澳大利亚、泰国、波兰、丹麦、马来西亚、新西兰、爱尔兰、俄罗斯、智利、土耳其、奥地利、挪威、新加坡、瑞典、匈牙利、瑞士、南非、厄瓜多尔、印度、韩国、捷克、葡萄牙、越南、巴基斯坦、秘鲁、日本、乌克兰。构建 2002 年、2008 年、2014 年、2019 年四个时间节点 40×40 农产品贸易关系及影响因素网络矩阵。数据来源于法国前景研究与国际中心（CEPII）数据库、联合国粮农组织（FAO）、全球政治治理指数（WGI）数据库、世界银行数据库（WDI）。

表 5-1　中国参与全球农产品贸易网络演变的主要驱动因素

因素	具体指标	表示符号	解释说明	数据来源
要素禀赋	人均耕地面积	land	国家耕地总面积/总人口（公顷/人）	联合国粮农组织
	人均可再生水资源量	water	国家再生内陆淡水资源总量/总人口（立方米）	联合国粮农组织
	农业就业人口比例	emplo	从事农业就业人口占总就业人口的比例	世界银行数据库
经济	消费者物价指数	cpi	物价变动水平的宏观指标	世界银行数据库
	人均 GDP 值	gdp	国内生产总值/总人口	世界银行数据库
	产业结构	agr	农业增加值占 GDP 比重	联合国粮农组织
	人口数量	popus	国家人口总数	世界银行数据库
技术	专利数量	tech	居民与非居民专利数量之和	世界银行数据库
	研发投入	rd	研发支出占 GDP 的比例	世界银行数据库
地理文化	语言邻近度	lang	若两国的官方语言相同，记为 1，否则记为 0	法国前景研究与国际中心数据库

续表

因素	具体指标	表示符号	解释说明	数据来源
地理文化	相邻程度	con	两国有共同的国境线，记为1，否则记为0	法国前景研究与国际中心数据库
	地理距离	dis	两国首都之间的球面距离	法国前景研究与国际中心数据库
制度政治	关税税率	tariff	征收关税时计算税额的比例	世界银行数据库
	区域贸易协定	rta	若两国签署某一贸易协定，记为1，否则记为0。	法国前景研究与国际中心数据库
	法律保障制度	legalgs	全球政治治理指数	全球政治治理指数数据库
	政权稳定和防暴力指数	regsnri		
	政府效能指数	govefi		
	政府监管质量指数	govsqi		
可持续发展	农业碳排放	co_2	人均农业二氧化碳排放量（千吨）	世界银行数据库
	农业化学品投入	chemi	每公顷耕地化肥消费量	世界银行数据库

5.1.1 要素禀赋因素

在传统贸易理论中，要素禀赋特征在一国出口贸易中发挥重要作用，富含充裕劳动力和富含丰富自然资源的国家具有不同的出口比较优势，因此出口结构不同。从自然资源来看，农产品生产高度依赖自然资源，而各国资源禀赋不同，对农产品贸易发展起着决定性的作用。全球各国地处不同的空间格局，这也决定了生产条件的差异性。贸易网络中各个节点基于其资源基础，择优生产具有资源优势的农产品，就体现出贸易的优劣势。因此，资源禀赋是农产品贸易网络形成的先决条件。自然条件差别主要包括耕地、水、光照等，其中淡水资源和耕地资源的数量和质量更能反映一国的富足程度。从劳动力要素来看，一国农业就业人口占总人口的比例代表着该国家农业发展的特征，从事农业生产的人口比例越小，生产效率势必越高，有利于提升农产品贸易国际竞争力。本书选取人均耕地资源和人均可再生水资源、农业就业人口占总人口的比例作为衡量农业资源禀赋的主要指标。

5.1.2　经济因素

经济因素是一国进行国际贸易的基础。涉及经济因素的指标较多，多数学者研究表明，经济发展水平、市场规模、开放程度、技术创新等与国际贸易紧密联系[200-203]。本章选取人口数量、人均 GDP、产业结构、消费者物价指数等 4 个指标。第一，市场规模较大的国家，具有庞大的劳动力（消费者）体量，消费潜力大，进口需求量大，故引入人口数量这一指标。第二，各国人均 GDP 是直接反映经济发展水平的主要指标。第三，用农业增加值占 GDP 比重反映一国农业在产业结构中的重要性。第四，消费者物价指数是反映一国物价变动水平的宏观指标，CPI 的上涨会导致成本上升，对粮食进出口贸易产生不利影响。

5.1.3　技术因素

科技创新是各国博弈的主战场，技术创新能力高的国家往往具有较高的产品技术含量，通过制约技术含量低的国家或地区，形成技术差驱动国际贸易。农产品生产、流通、交易等环节均高度依赖国家科技创新水平，专利申请可以反映一国的技术支持，故采用专利申请量代表科技创新水平[204]。企业规模大、研发投入力度高等对一国贸易网络具有正向创新溢出效应[205-206]。研发投入也是反映技术创新能力的重要指标。

5.1.4　地理文化因素

地理距离和文化距离直接决定着贸易成本，一般邻近国家语言相近，在进行贸易往来中，具有沟通便捷、运输成本低的优势，可以促进贸易发展。那么相距较远的国家，是否国际贸易联系紧密，这也是反映地理距离的主要指标。本章选取国土邻近和贸易国首都之间的距离衡量地理距离；用语言和殖民距离表示文化距离。

5.1.5 制度政治因素

国际贸易理论认为国家政体、关税制度、贸易政策的变化对国际贸易具有显著的影响，国家间的政治、治理等方面的制度差异广受关注[207]。一般制度质量越完善的国家，会间接降低贸易成本。如反映制度距离的政府效能、法制水平、腐败控制等指数均会直接影响到国家之间贸易往来的顺畅程度[208]。逆全球化对国际贸易产生逆向阻挠作用，但是区域贸易协定的签订形成了坚实的国际自由贸易协定关系网络，有效打破了贸易壁垒[209]。关税税率是一国贸易政策中的主要工具，关税税率是征收关税时计算税额的比例，各国采用关税壁垒保证本国农产品价格稳定，关税税率差异小的国家互利共赢，贸易联系更密切，否则会造成严重的制约作用。在此选择政治稳定和预防暴力指数、政府效能指数、管制质量指数、法治指数、区域贸易协定签订 0-1 矩阵、关税税率代表制度政治因素。

5.1.6 可持续发展因素

人类可持续发展是全球应该遵循的理念，农业生产与自然环境息息相关，更需要重视资源的配置与利用效率。全球变暖连带的多种不确定性自然灾害的发生已经成为国际重点问题。碳排放是测量可持续发展的重要指标。对于农业领域来说，人均二氧化碳排放量高一定程度说明农业技术水平较低，化肥、农药、农机具等要素消耗越大，可能会影响土地的肥力，侧面反映出农业能源利用效率低，对农产品的质量产生影响，进而降低农产品出口的国际竞争力[210-212]。高的化肥投入和高的人均二氧化碳排放短期可以带来高农业产出，长此以往，农业化学品投入强度过高，将侵蚀环境破坏农业生态系统的平衡，同时粮食系统造成大量温室气体排放，不利于可持续发展[213]。考虑到相关环境指标，本章选取每公顷耕地化肥的消费量及农业人均二氧化碳的排放量，作为衡量可持续发展的主要因素。

5.2　研究方法、模型设定

5.2.1　研究方法

QAP 方法又称二次指派程序（Quadratic Assignment Procedure），是一种专门进行网络分析的方法。由于衡量贸易网络关系的变量均为矩阵数据，变量之间不相互独立，不同于截面数据、时间序列数据、面板数据，传统的回归分析方法无法解决关系数据中的多重共线性问题。因此，被广泛运用于国际贸易等"关系"型数据的非参数检验分析。其应用主要包括 QAP 相关分析和 QAP 回归分析。首先，QAP 相关分析是对因变量和自变量进行相关性分析，即通过对比两个矩阵之间的相似性并计算出相关系数。QAP 回归分析同理是研究多个矩阵与一个矩阵之间的回归关系，并且对判定系数 R^2 的显著性进行评价。主要计算过程如下：第一步，针对自变量和因变量矩阵对应的长向量元素进行常规的多元回归分析；第二步，对因变量矩阵的各行和各列进行同时随机置换，然后重新计算回归，保存所有的系数值及判定系数 R^2 值。

5.2.2　模型设定

将前文选取的因素指标列入中国参与全球农产品贸易网络格局演变的影响因素，构建以农产品贸易加权网络 W 为被解释变量，以 land、water、emplo、cpi、gdp、popus、tech、rd、dis、tariff、legalgs、reganri、govefi、govsqi、co_2、chemi 影响因素变量差值矩阵和 lang、con、rta 变量 0-1 矩阵为解释变量。设定模型为：

W = f（land, water, employ, cpi, gdp, agr, popus, tech, rd, lang, con,

dis, tariff, rta, legalgs, reganri, govefi, govsqi, co_2, chemi）

5.3 实证分析结果

5.3.1 QAP 相关分析

选取 2002 年、2008 年、2014 年、2019 年四个时间节点，利用 Ucinet 6.0 软件，采用 QAP 相关分析方法，选择 5000 次随机置换，检验全球农产品贸易网络空间关联矩阵与各影响因素的相关关系，并确定相关系数在统计意义上的显著性水平，得到分析结果（见表 5-2）。

表 5-2 W 与影响因素的 QAP 相关分析结果

变量名称	2002 年		2008 年		2014 年		2019 年	
	实际相关系数	显著性水平	实际相关系数	显著性水平	实际相关系数	显著性水平	实际相关系数	显著性水平
land	0.003	0.441	-0.014	0.462	-0.015	0.459	-0.010	0.500
water	-0.068	0.151	-0.083*	0.098	-0.070	0.143	-0.067	0.139
emplo	-0.130***	0.004	-0.114**	0.020	-0.077	0.106	-0.073	0.103
cpi	-0.121***	0.005	-0.063	0.112	-0.087**	0.026	-0.117***	0.005
gdp	-0.075**	0.039	-0.136***	0.001	-0.113***	0.002	-0.080**	0.031
agr	-0.145***	0.001	-0.137***	0.000	-0.113***	0.007	-0.110***	0.007
popus	0.011	0.377	0.037	0.257	0.102	0.100	0.125*	0.071
tech	0.117*	0.090	0.086	0.149	0.167*	0.054	0.231**	0.032
rd	-0.014	0.396	-0.067*	0.081	-0.043	0.206	-0.013	0.416
lang	0.121**	0.013	0.117**	0.014	0.103**	0.024	0.097**	0.029

续表

变量名称	2002 年		2008 年		2014 年		2019 年	
	实际相关系数	显著性水平	实际相关系数	显著性水平	实际相关系数	显著性水平	实际相关系数	显著性水平
con	0.385***	0.000	0.428***	0.000	0.402***	0.000	0.395***	0.000
dis	−0.205***	0.000	−0.221***	0.000	−0.193***	0.000	−0.179***	0.000
tariff	−0.118**	0.013	−0.117**	0.014	−0.117***	0.006	0.167**	0.036
rta	0.085*	0.062	0.076*	0.079	0.056	0.125	0.022	0.288
legalgs	−0.019	0.321	0.026	0.265	0.062*	0.063	0.052*	0.095
regsnri	0.038	0.227	0.040	0.215	0.079*	0.099	−0.002	0.527
govefi	−0.014	0.381	0.026	0.279	0.103**	0.012	0.075*	0.058
govsqi	−0.014	0.394	0.048	0.168	0.110**	0.015	0.070*	0.056
co2	−0.049	0.308	−0.069	0.167	−0.059	0.222	−0.059	0.207
chemi	−0.090**	0.035	−0.065*	0.053	−0.080*	0.077	−0.078*	0.089

注：***、**、*分别表示在1%、5%、10%的统计水平上显著。

　　由表5-2可知，人均可再生水资源差异网络（water）、农业就业比例差异网络（emplo）、消费者价格指数差异网络（cpi）、人均 GDP 水平差异网络（gdp）、产业结构差异网络（arg）、人口数量差异网络（popus）、专利数量差异网络（tech）、语言习惯差异网络（lang）、相邻程度差异（con）、国家间的地理距离差异网络（dis）、关税税率差异网络（tariff）、区域贸易协定网络（rta）、政府监管质量差异网络（govsqi）、政府效能差异网络（govefi）、政权稳定和非暴乱差异网络（regsnri）和法律保障制度差异网络（legalgs）、农业化学品投入差异网络（chemi）在不同时期不同程度上影响了农产品贸易关系的形成。而耕地面积差异网络（land）、研发支出差异网络（rd）、农业碳排放差异网络（co₂）与农产品贸易网络不存在显著的相关关系。具体来看，2002 年、2008 年、2014 年、2019年的分析结果表明，dis 网络、gdp 网络、arg 网络与 W 呈显著的负相关关系，即距离越远，两国贸易流量越小；经济水平差距越小，两国之间农产品贸易流量越大；农业增加值占 GDP 比重差异越大，两国之间农产品贸易流量越小，即农业产业结构越相似，越有利于开展农产品贸易。cpi 网络在大多数年份中，均与 W 呈显著的负相关关系，即两国之间消费者物价指数差异越大，对两国发展农产品贸易造成阻碍作用，贸易流量越小。emplo 网络在 2002 年、2008 年均与 W 呈现显著的负相关关系，说明这一阶段两国之间贸易网络的形成与两国之间所存在劳动力要素差异有很大的关系，劳动力数量差异越大，越容易促使两国之间达成农产品贸易。2014 年、2019 年不存在显著相关性，也可以说"双循环"发展阶段劳动力资源禀赋对农产品贸易的影响弱化，可能原因是随着科技水平不断提升，数字农业发挥的作用增强。tech 网络与 W 呈显著的正相关关系，即两国之间会因为技术差异而建立贸易关系，一般差异较大的国家可能会加强经贸技术合作，则越有利于贸易往来关系越紧密。con 网络与 W 呈显著的正相关关系，即两国若接壤，则有利于贸易往来。tariff 网络与 W 网络呈现显著的负相关关系，即两国之间关税税率差异悬殊，则说明两国农产品贸易联结不畅，还有待进一步建立联系并减少关税壁垒。govsqi 网络、govefi 网络、regsnri 网络和 legalgs 网络与 W 网络在 2002 年和 2008 年不存在显著相关性，但均在 2014 年、2019 年则呈现出显著的正相关性，这也说明了"双循环"新格局下全球治理指数对国际农产品贸易的影响凸显，即政府监管质量指数、政府效能指数、政权稳定和防暴乱指数、法律保障制度指数四个指标差异值越小，越有利于两国之间的农产品贸易往来。chemi 网络与 W 呈显著的负相关关系，即化肥消费量差异越大，越不利于农产品贸易联系。初步验证国家间的经济规模差异、文化差异、地理距离、关税差异、产业结构和制度距离差异、农业化学品投入差异等是影响农产品贸易网络形成的主要因素。

5.3.2 QAP 回归分析

进一步借助 Ucinet 6.0 软件，同样将随机置换数设为 5000 次，对 4 个时间截面的加权农产品网络与 17 个自变量矩阵进行回归分析，发现全球农产品贸易网络格局演进受到经济因素、地理文化因素、技术因素和制度政治方面的影响（见表5-3）。

表5-3　全球农产品贸易网络 QAP 回归分析结果

变量	2002 年		2008 年		2014 年		2019 年	
	标准化回归系数	显著性概率值	标准化回归系数	显著性概率值	标准化回归系数	显著性概率值	标准化回归系数	显著性概率值
water	−0.0300	0.5357	−0.0236	0.7175	0.0330	0.5333	−0.0038	0.9788
emplo	−0.0389	0.5235	−0.0408*	0.0993	0.0284	0.8144	0.0320	0.7227
cpi	−0.0985**	0.0292	0.0359	0.7590	−0.0284	0.6011	−0.1095**	0.0424
gdp	−0.0831**	0.0456	−0.1401***	0.0054	−0.0926**	0.0296	−0.1287***	0.0030
agr	−0.0001***	0.0002	−0.0180	0.8452	−0.0338	0.6923	−0.0311	0.7225
popus	0.0002	0.9900	−0.0020	0.9704	−0.0435	0.4833	−0.0291	0.6511
tech	0.1424**	0.0184	0.0725	0.1460	0.1904***	0.0052	0.1741***	0.0010
lang	0.1120***	0.0040	0.1090***	0.0046	0.0825**	0.0264	0.1034**	0.0126
con	0.3850***	0.0001	0.4281***	0.0001	0.4020***	0.0002	0.3951***	0.0001
dis	−0.2187***	0.0002	−0.2517***	0.0002	−0.2491***	0.0002	−0.2712***	0.0002
tariff	−0.0828*	0.0627	−0.0886*	0.0546	−0.0799*	0.0549	0.1561**	0.0132
rta	0.0845**	0.0407	0.0520	0.2079	0.0315	0.4359	0.1215**	0.0380
legalgs	−0.0482	0.7550	0.0599	0.6137	−0.2157**	0.0247	−0.1852**	0.0467
regsnri	0.1128**	0.0378	0.0203	0.6817	0.1207**	0.0228	−0.0872	0.2376
govefi	−0.0747	0.4129	−0.0596	0.4349	0.1429	0.1728	0.2781**	0.0386
govsqi	−0.0487	0.6008	−0.0219	0.8696	0.1214	0.2152	0.0582	0.3797
chemi	−0.0756	0.0969	−0.0463	0.3217	−0.0623	0.1314	−0.0204	0.6395
R^2	0.14021		0.12795		0.13815		0.14814	
调整后的 R^2	0.12676		0.11431		0.12467		0.13481	

注：***、**、*分别表示在1%、5%、10%的统计水平上显著。

经济因素。在经济因素中，消费者物价水平差异和人均 GDP 差异对农产品贸易网络具有显著的负向影响，这表明网络中一国与他国人均 GDP 和消费者物价水平越相近，越有利于互相之间的贸易往来。可见，经济发展水平是影响农产品贸易网络格局演进的重要因素。虽然中国人均 GDP 全球排名靠后，但是 GDP 总量名列前茅，因此在国际农产品贸易中有足够的实力在全球范围内发挥引领作用。人口规模对样本时间节点全球农产品贸易网络影响均不显著，表明人口数量差异大小并不会对国家间开展农产品贸易产生重要的影响，一般人口大国对农产品的需求量越大，但是同时也需要考虑该国农产品的供给能力，若国内供给可以满足本国需求，进行国际农产品贸易的规模可能较小，农产品供给也是影响贸易的重要因素。

技术因素。剔除技术因素中相关关系不显著的研发投入指标，专利数量整体对贸易网络具有重要的影响，除了 2008 年不显著，其他 3 个时间点均具有显著的正向作用，尤其是 2019 年贸易国之间专利数量差异网络的标准化回归系数达到了 0.1741，由此说明，科技创新水平在农产品贸易网络中具有促进作用，两国间专利数量差异越大，越容易开展贸易往来。

地理文化因素。国家邻近程度对农产品贸易网络具有正向影响，两国首都之间的距离则具有负向影响，可以得出两国之间有共同的陆地边界，更容易达成贸易网络联系，贸易成本低，贸易流量大。首都之间的距离越近，越有利于贸易网络的形成，反之，两国贸易联系越弱。对于中国来说，往古至今有贸易往来的根基，特别是"丝绸之路经济带"和"21 世纪海上丝绸之路"提出后中国与周边邻近国家贸易由于距离优势而便于通过中欧班列等深化农产品贸易往来。优先考虑与周边国家之间的农产品贸易联系，加强周边农产品市场的占有率和自主控制力。语言习惯均对农产品国际贸易具有显著的正向效果，语言差异越小的国家之间有很强的文化基础，且价值取向相近，更能形成稳定的农产品贸易关系。语言习惯差异较大的国家之间会因为沟通不便而增加额外的贸易成本，不利于长期贸易合作。一般具有相近的文化背景的国家之间的贸易往来更坚实，如中亚五国、俄罗斯及周边国家有深厚的历史文化交流，美国、英国、加拿大等欧美国家均使用英语系的语言，相互之间的贸易联系比较稳定。由此可见国家距离、语言习惯作为地理文化因素，对全球农产品贸易有重要影响。

政治制度。从 QAP 的回归结果可以看出，包含政府监管质量指数、政府效能指数、政权稳定和防暴乱指数、法律保障制度指数在内的四个制度差异因素对农产品贸易网络具有负面影响效果，且现阶段面临百年未有之大变局，如俄乌冲突、中美贸易摩擦等现实事件频发，全球治理指标的影响作用显著提高，两国政府治理水平差异越小，更加有利于相互之间进行农产品贸易。整体来看，关税税率对农产品贸易网络呈现显著的负面影响，关税税率差异较大的国家之间不利于相互之间的贸易往来，税率相差较小的国家在贸易政策或贸易条件上相似，更容易达成贸易合作协议，农产品贸易则会在良好的贸易环境下顺利开展。关税税率作为贸易保护主义的主要工具，是影响全球农产品贸易的重要因素。区域贸易协定的签订加强了区域间的贸易合作，是应对逆全球化的重要工具，对农产品贸易网络具有正向促进作用，共同签署同一个多个贸易协定，可以享受共同的贸易优惠政策，进而缩小贸易国之间原有的壁垒，促使农产品贸易联系越来越紧密。

5.4　本章小结

本章通过选取全球农产品贸易网络中核心度较大的国家构建中国参与的农产品贸易网络，利用 QAP 相关分析与 QAP 回归分析确定其关键影响因素，得出以下结论：整体上看回归结果比较稳健，包括 2002 年、2008 年、2014 年和 2019 年在内的各个时点的中国参与全球农产品贸易加权网络回归模型通过了显著性检验，并且模型的解释力呈现逐渐提升的趋势。经济发展水平差异、地理文化差异、政治制度差异等是影响粮食国际贸易网络的主要因素，人口数量差异、农业资源禀赋差异、可持续发展指标差异对农产品贸易网络的影响作用不明显。

第6章 新发展格局下中国农产品贸易规模驱动因素分析

随着农业国际化程度的日益提高，中国在加入WTO以后，农产品贸易面临的各种贸易壁垒和贸易歧视得以改善。同时，对于"入世"承诺的兑现，也使得中国农产品市场的大门越开越大，逐渐向广度和深度拓展，这些为中国农产品贸易规模的日益扩大增添了动力，也为中国维护粮食安全、保障农产品供给、促进经济社会可持续发展提供了更有力的支撑，更为中国充分利用"两个市场、两种资源"提供了强有力的条件。但与此同时，中国农产品贸易在获得巨大机遇的同时也受到了国际市场的影响，面临着百年未有之大变局的压力和挑战，市场竞争出现了"国际竞争国内化、国内市场国际化"的新趋势，如中美贸易摩擦频繁多发，美国启动301调查后加大了进口产品关税的征收力度。中国也给出了强有力的回击，对美国出口中国的鲜水果、干果、葡萄酒等产品加征15%的关税，对大豆、猪肉及制品等产品加征25%的关税。可以说，在此过程中，受到供求等多重因素的影响，作为具有比较优势的劳动密集型农产品已经进入了新的发展阶段。那么，"入世"以来中国农产品进出口波动情况怎样？市场效应、商品效应、竞争力效应又是如何演变的？哪些因素是影响中国农产品进出口的关键诱因？因此，基于"双循环"新发展格局，我们的发展格局需要转换，中国农产品市场经济的发展，不能完全依靠外循环，要靠以国内循环为主体的国内国际相互促进的双循环，这就需要实证研究不同时期中国农产品出口和进口波动的影响因素，这一方面能够制定出更加符合国情的针对性措施来促进中国农业的平稳发展，保障农牧民的收入水平；另一方面还能统筹利用好国内和国际"两个市场、两种资源"来满足国内呈现的农产品刚性需求。

一直以来，在国际贸易中比较优势理论一直占有重要地位，但近年来其位置逐渐被竞争优势理论所取代。由于恒定市场份额模型（Constant Market Share Model，CMS）能够很好地将竞争优势理论纳入到国际贸易的研究框架范围内来了解和探究商品的进出口变动，因而更能直接揭示出商品进出口变动的影响因素。因此，本书根据 Uncomtrade 商品贸易数据库数据，在分析 2002～2020 年中国农产品贸易变动典型特征事实的基础上，利用修正的 CMS 模型，对中国农产品进出口变动分别从贸易规模、贸易结构和贸易竞争力三个方面进行双向分解，从动态视角对中国农产品进出口变动的影响因素进行实证分析。

6.1　中国农产品进出口波动成因的修正 CMS 模型

6.1.1　CMS 模型基本分析方法

20 世纪 50 年代，Tyszynski 提出了传统的 CMS 模型，并将其运用到国际贸易领域[214]。CMS 模型的核心假定：若一国或一地区的某个种类或多个种类产品的出口在市场上的竞争力保持不变的情况下，也可以说国际市场上的出口市场份额保持不变。实际情况是，市场上的某个种类或多个种类产品的出口额和市场份额并非一成不变，变动的原因是由国际市场需求、出口结构或者是竞争力变化所引

起的[215]。目前，CMS 模型主要应用在两市场或者多个市场多种产品的出口波动
分析[216]。在具体的实施过程中，分析一国或一地区产品出口变动的影响因素时，
可以采用 CMS 模型将一国或一地区产品实际出口额与保持原有出口市场份额之
间的差额分解为贸易规模、贸易结构和贸易竞争力[217]。同理，CMS 模型也可以
运用到一国或一地区产品进口变动影响因素分析。由于中国农产品进出口种类和
市场较多，可以采用多市场多产品进出口波动的 CMS 模型。该模型的基本形式
如下：

$$\Delta V = V(t) - V(0) = rV(0) + \sum_{i=1}^{m}(r_i - r)V_i(0) + \sum_{j=1}^{n}\sum_{i=1}^{m}(r_{ij} - r_i)V_{ij}(0) +$$

$$\sum_{i=1}^{m}\sum_{j=1}^{n}(V_{ij}(t) - V_{ij}(0) - r_{ij}V_{ij}(0)) \qquad (6-1)$$

其中，V 表示中国农产品出口总额（进口总额），0 和 t 分别表示基期和当
期，i 表示中国第 i 类农产品出口（进口），m 表示出口（进口）产品的类别个数，
V_i 表示中国第 i 类农产品出口额（进口额），j 表示中国农产品出口（进口）第 j 个
目标市场，n 表示出口（进口）目标市场的个数，V_{ij} 表示中国第 i 类农产品向第 j
个目标市场的出口额（进口额）。r 表示从基期到当期的全球农产品进口增长率
（出口增长率），r_i 表示同期全球第 i 类农产品进口增长率（出口增长率），r_{ij} 表示
同期第 j 个目标市场进口世界第 i 类农产品进口增长率。其中，式（6-1）左边表
示中国农产品出口（进口）变动，式（6-1）右边由需求规模效应、产品结构效应、
市场结构效应、竞争力效应四个部分组成。rV(0) 表示全球农产品进口（出口）规模
变动对中国农产品出口（进口）规模的影响，简称为需求规模效应；$\sum_{i=1}^{m}(r_i-r)V_i(0)$
表示全球农产品进口（出口）结构变动对中国农产品出口（进口）的影响，简称为产
品结构效应；$\sum_{j=1}^{n}\sum_{i=1}^{m}(r_{ij}-r_i)V_{ij}(0)$ 表示各目标市场进口（出口）结构变动对中国农产品
出口（进口）的影响，简称为市场结构效应；$\sum_{i=1}^{m}\sum_{j=1}^{n}(V_{ij}(t)-V_{ij}(0)-r_{ij}V_{ij}(0))$ 为残差
项，被归为竞争力因素，表示中国农产品出口（进口）产品竞争力变动对其出口
的（进口）影响，简称为竞争力效应。

6.1.2 CMS 模型的不足之处

随着传统 CMS 模型的广泛运用，Leamer、Richardson、Jepma 相继对传统的 CMS 模型不断进行修正和改进，逐渐成为对外贸易变动的驱动因素以及贸易竞争力研究的重要方法[218-220]。与已有的经典模型相比，这些经过改进的模型的组成部分同样是基于不同的研究对象、变量选择和分解层次。归根结底，改进后的扩展模型与经典模型属于同一原理。但是，从总体来看现有 CMS 模型仍存在以下四个方面的问题：

一是 CMS 模型缺乏对称性。基于基本模型初形和变形后的扩展模型本身的形式，多数研究内容的要素分解含义不是十分明确，缺乏明显的对称性。

二是习惯于单一化处理。从已有 CMS 模型的应用看，多有学者仅对出口市场或者出口产品进行单一化，由此避免了指标分解的不对称性，并且也大大缩减了运算工作量[221-223]。具体模型（以单一出口市场为例）可以简化为：

$$\Delta V = V(t) - V(0) = rV(0) + \sum_{i=1}^{m} (r_i - r)V_i(0) + \sum_{i=1}^{m} (V_i(t) - V_i(0) - r_i V_i(0)) \tag{6-2}$$

虽然式（6-2）一方面能够大大减少运算量，另一方面也能从形式上消除指标分解的不对称性，但却导致指标含义不够清晰，仅对出口市场做单一化处理，而没有消除市场结构效应，进而将其纳入到产品结构效应中。

三是市场结构效应分解不彻底。$\sum_{j=1}^{n} \sum_{i=1}^{m} (r_{ij} - r_i)V_{ij}(0)$ 的实际意义是各目标市场农产品进口需求的变动对中国农产品出口的影响，并未具体到农产品的类别，有待进一步将其分解为不同目标市场对不同种类农产品进口增长率的影响。

四是竞争力效益有待细化。中国农产品出口（进口）竞争力的影响因素有很多，比如技术水平、管理能力、人力资本等要素，这些要素在模型中无法量化，但是考虑到竞争力并非绝对，与竞争对手以及产品进入市场状况相对比可知，同一种类的中国农产品在不同的市场上竞争力具有差异性，可通过修正的

CMS 模型进行解决。

6.1.3 CMS 基本模型的修正

基于传统的 CMS 模型分解可知，如果使得 CMS 模型分解具有对称性且含义明确，需要重点将市场结构效应同产品结构效应进行区分，且残差项也能够反映出竞争力效应。这就需要将市场结构效应 $\sum_{j=1}^{m}(r_j-r)V_j(0)$ 引入模型中。基于此，本书以经典 CMS 模型为基础，并结合已有研究进行以下处理：

首先，以中国农产品出口（进口）市场为单位，进行单一化处理，即式（6-2）可以简化为式（6-3），即：

$$\Delta V = V(t) - V(0) = rV(0) + \sum_{i=1}^{m}(r_i - r)V_i(0) + \sum_{i=1}^{m}(V_i(t) - V_i(0) - r_iV_i(0))$$
$$(6-3)$$

因此，式（6-3）中将不会存在形式上的市场分布效应，这时的市场分布效应被隐含在产业结构效应中。

其次，将中国出口（进口）的农产品种类看成一个整体，进行单一化处理，即式（6-2）可以简化为：

$$\Delta V = V(t) - V(0) = rV(0) + \sum_{j=1}^{n}(r_j - r)V_j(0) + \sum_{j=1}^{n}(V_j(t) - V_j(0) - r_jV_j(0))$$
$$(6-4)$$

由于式（6-4）没有形式上的产品结构效应，实际上产品结构效应被隐含在市场结构效应中。

最后，将式（6-3）和式（6-4）相加并整理可得式（6-5）：

$$\Delta V = V(t) - V(0) = rV(0) + \frac{1}{2}\sum_{i=1}^{m}(r_i - r)V_i(0) + \frac{1}{2}\sum_{j=1}^{n}(r_j - r)V_j(0) +$$

$$\frac{1}{2}\sum_{i=1}^{m}(V_i(t) - V_i(0) - r_iV_i(0)) + \frac{1}{2}\sum_{j=1}^{n}(V_j(t) - V_j(0) - r_jV_j(0))$$

$$(6-5)$$

从以上运算过程可以看出，当式（6-3）与式（6-4）进行加总时，市场结构效应和产品结构效应分别被重复计算，所以对式（6-5）中的后面两项进行单次市场结构效应和产品结构效应处理，即均乘以 1/2。上述修正的模型与经典模型最大的区别在于式（6-5）中的最后一个竞争力效应多项式，相比之前，最后一项为两个分项式，是否能够代表或反映出竞争力效应？仍需对式（6-5）的最后一项进行推导。首先，对式（6-5）中的最后一项代表竞争力效应的第一项进行推导，假设 π_i 表示在一定时期内中国农产品出口（进口）第 i 类农产品的增长率，则有：

$$V_i(t) - V_i(0) - r_i V_i(0) = V_i(0)(1+\pi_i) - V_i(0) - r_i V_i(0) = \pi_i V_i(0) - r_i V_i(0)$$

$$= (\pi_i - r_i) V_i(0) \tag{6-6}$$

式（6-6）中，$V_i(0)$ 的系数为 $\pi_i - r_i$，表明在一定时期内中国农产品出口（进口）第 i 类农产品的增长率与全球进口（出口）第 i 类农产品的增长率进行比较。当 $\pi_i - r_i$ 之差大于 0 时，表明与全球农产品竞争力水平相比中国第 i 类农产品在国际市场上的竞争力水平较高；反之，表明相比于全球竞争力水平，中国第 i 类农产品在国际市场上的竞争力处于弱势。接下来对式（6-5）中的最后一项代表竞争力效应的第二项进行推导，假设 π_j 表示在一定时间阶段内中国向第 j 目标市场出口（进口）农产品的增长率，则有：

$$V_j(t) - V_j(0) - r_j V_j(0) = V_j(0)(1+\pi_j) - V_j(0) - r_j V_j(0) = \pi_j V_j(0) - r_j V_j(0)$$

$$= (\pi_j - r_j) V_j(0) \tag{6-7}$$

式（6-7）中，$V_j(0)$ 的系数为 $\pi_j - r_j$，表明在一定时间阶段内中国向第 j 目标市场出口（进口）农产品的增长率与第 j 目标市场进口（出口）所有农产品的增长率进行比较，也可理解为中国向第 j 目标市场出口（进口）农产品的增长率与全球各国向第 j 目标市场出口农产品增长率之差。当 $\pi_j - r_j$ 之差大于 0 时，表明中国农产品在第 j 类目标市场上的竞争力水平高于全球平均水平；反之，表明中国农产品在第 j 类目标市场上的竞争力水平相比弱于全球平均水平。

综上可知，式（6-6）和式（6-7）分别表示中国第 i 类农产品出口（进口）

的竞争力以及中国农产品出口（进口）在第 j 类目标市场上的竞争力，简称为产品竞争力和市场竞争力两项，这也恰好消除了式（6-2）的竞争力效应有待进一步分解的不足之处。因此，将中国农产品出口（进口）规模增长成因分析的修正 CMS 模型设定为：

$$\Delta V = V(t) - V(0) = rV(0) + \frac{1}{2} \sum_{i=1}^{m} (r_i - r) V_i(0) + \frac{1}{2} \sum_{j=1}^{n} (r_j - r) V_j(0) +$$

$$\frac{1}{2} \sum_{i=1}^{m} (V_i(t) - V_i(0) - r_i V_i(0)) + \frac{1}{2} \sum_{j=1}^{n} (V_j(t) - V_j(0) - r_j V_j(0))$$

$$(6-8)$$

式（6-8）中将中国农产品出口（进口）规模进行分解，包括了市场规模效应、产品结构效应、市场结构效应、产品竞争力效应、市场竞争力效应，也可以说这是构成中国农产品出口（进口）规模增长的主要动因。相比之前的经典模型，改进的 CMS 模型分解指标更加对称，对市场结构效应、竞争力效应的衡量也更加准确，且能够节省大量的工作量，进一步提高了模型的可操作性。

6.2　样本市场选取与模型时段划分

根据中国农产品出口市场分布特征分析结果，本书选取日本、中国香港、越南、美国、韩国、泰国、马来西亚、菲律宾、印度尼西亚、德国、荷兰、英国、西班牙、加拿大、澳大利亚、新加坡 16 个主要出口市场作为分析样本。统计显示，2020 年中国对 20 国（地区）农产品出口份额累计达到 70% 以上，具有较强代表性。根据中国农产品进口市场分布特征，本书选取巴西、美国、澳大利亚、新西兰、泰国、加拿大、阿根廷、法国、西班牙、荷兰、德国、马来西亚 12 个主要进口市场作为分析样本。根据统计显示，2020 年中国从这 18 国（地区）农产品进口份额累计达到 67.08%，具有显著的代表性。本书的数据来源时期跨度为 2002~2020 年。根据中国农产品进出口波动走势，且考虑到 2008 年是国际金融危机的时间点，2013 年是"一带一路"倡议提出的关键点，2018 年是中美贸易摩擦的起始点，本章结合阶段性变化特征，将时间阶段划分为四个时期：2002~2008 年、2008~2013 年、2013~2018 年、2018~2020 年。为了确保数据的一致性和分析结果的准确性，本章研究数据统一来源于 UNCOMTRADE 数据库，HS 编码采用的是 HS2002 标准。

6.3　中国农产品出口变动的修正 CMS 模型分析

6.3.1　需求规模效应对中国农产品出口变动影响分析

从修正的 CMS 模型分解结果可以看出，需求规模效应反映出了世界农产品的需求变动对中国农产品出口的影响。由表 6-1 可知，全球市场需求规模效应对中国农产品出口波动的影响相对比较突出，约占 1/3 左右，成为拉动中国农产品出口增长的重要因素之一。2002~2008 年，全球农产品需求出现了大幅增加，从 5591.24 亿美元增加到 12450.43 亿美元，年均增加了 12.12%，引起中国农产品出口增加了 86.19 亿美元，贡献率达到 32.62%，表明全球市场需求对中国农产品出口具有很大的拉动作用，这可能是因为中国"入世"以后，面临的农产品贸易壁垒和关税均显著降低，全球农产品市场需求处于强劲时期。当然，这也有不足的地方，如果国际市场需求波动起伏，国际环境恶化，同样会对中国农产品的出口造成负面影响，这一点在 2008~2013 年得到了体现，金融危机造成中国农产品出口出现了下降，由2008年的536.87亿美元减少到2009年的513.24亿美元，减少了4.31个百分点，随后中国农产品开始逐步增加，但是年均增长率却由之前的19.38%下降到10.90%。而这一时期，国际需求规模效应对中国农产品出口的拉动为41.72亿美元，贡献率为25.32%。可见，金融危机大范围影响国际农产品市场需求的同时，严重波及到中国农产品出口市场。2013~2018年，全球农产品需求出现了小幅增加，由15551亿美元增加到16308.53亿美元，累计净增加757.53亿美元，但是国际农产品市场需求规模效应对中国农产品出口变动的影响表现却为约束作用，引起中国农产品出口减少了2.44亿美元，贡献率也急剧下降到-8.08%，这可能是因为这一时期全球主要发达经济体的经济发展速度出现了放缓步伐，国际农产品市场需求处于萎靡状态，中国农产品出口面临巨大挑战。2018~2020年，全球农产品需求的下降导致的逆需求规模效应，给中国农产品出口带来了52.29亿美元的损失，但贡献率出现了大幅增加。这一时期，一方面中国与美国、加拿大等农业大国出现了贸易摩擦，对其出口均出现了大幅下降，中国对美国农产品出口下降了3.65%，对加拿大农产品出口下降了22.90%；另一方面新冠肺炎疫情的暴发，致使世界需求高涨，但是为了维持本国农产品供应，会自然减少农产品的出口。

6.3.2 出口结构效应对中国农产品出口变动影响分析

出口产品结构效应和出口市场结构效应统称为出口结构效应。从修正的CMS模型分解结果可以看出，农产品出口产品结构不合理对中国整体农产品出口增长呈现的制约作用越来越明显。从出口结构效应的时间序列变化来看，出口结构效应对中国农产品出口的拉动作用由第一期的114.62亿美元减少到第二期的74.46亿美元，再降到第三期的12.65亿美元，到第四期更是减少到-70.95亿美元。从出口结构效应的进一步分解结果来看，出口产品结构效应除了第二期对中国农产品出口有拉动外，第一期、第三期、第四期对中国农产品出口结构效应均有逆向拉动作用，是出口结构效应逐期递减的"罪魁祸首"，第一期、第二期、第三期、第四期的出口产品结构效应分别为-4.07 亿美元、1.52 亿美元、-1.73 亿美元、-9.97 亿美元。从分类农产品的出口产品结构贡献效应来看，第 8 类（食用水果及坚果；甜瓜或柑橘属水果的果皮）、第 13 类（虫胶；树胶、树脂及其他植物液、汁）、第 19 类（谷物、粮食粉、淀粉或乳的制品；糕饼点心）、第 21 类（杂项食品）、第 23 类（食品工业的残渣及废料；配制的动物饲料）等主要类别农产品在四个时期均实现了拉动作用，其他类别的农产品结构效应正负不一或均为负值。通过分析不难发现，中国农产品出口主要集中在第 3 类（鱼、甲壳动物、软体动物及其他水生无脊椎动物）、第 52 类（棉花）、第 7 类（食用蔬菜、根及块茎）等初级农产品，而全球农产品需求的增长点主要是在加工制品上，致使中国农产品出口的产品结构与全球农产品需求结构"脱轨"，使得中国农产品出口产品结构对整体农产品出口增长产生牵制效应。

中国农产品出口的市场结构效应明显优于产品结构效应，且不断发生变化。从中国农产品出口的市场结构效应来看，中国农产品出口的市场结构效应除了第四期外，第一期、第二期、第三期均对中国农产品出口增长呈现拉动作用，但是随着时间的推移，出口市场结构效应也呈现逐期递减趋势，由第一期的 118.69 亿美元下降到第二期的 72.94 亿美元，再下降到第三期的 14.38 亿美元，到第四期下降到-60.98 亿美元，分别减少了 38.54%、80.28%、523.93%。虽然，中国农产品出口的市场结构效应逐期减少，但是贡献率却均在 40% 以上，成为中国农产品出口的主导因素，这可能是因为中国农产品出口的市场目标越来越多元化，随着"一带一路"倡议的提出，新兴市场不断加入进来，同时进口增势明显这也逐步拉动了中国农产品出口的增长。因此便得出与中国农产品出口市场结构的演变相一致的结论，以东盟为主体的一系列新兴市场经济体在逐年加大与中国的农产品贸易联系，尤其是"双循环"新发展阶段对中国农产品进口呈增长态势。中国农产品出口市场的多元化不仅改善了中国长期依赖少数发达国家的局面，也在逐步提升中国农产品出口的市场潜力。但需要着重强调的是，一旦新兴市场经济体无法顺利拓展，将会使得中国农产品出口的需求规模效应和结构效应产生不利影响，这点尤其要给以高度重视。总体而言，结构效应对中国农产品出口波动的影响将会变得愈为重要。

6.3.3　出口竞争力效应对中国农产品出口变动影响分析

出口竞争力效应是对出口产品竞争力效应和出口市场竞争力效应的统称。2002~2020 年四个时期，中国农产品出口竞争力效应的盈余分别为 63.69 亿美元、48.57 亿美元、19.96 亿美元、-19.82 亿美元，对中国农产品出口的贡献效应分别为 23.99%、29.48%、66.16%、13.85%（见表 6-1）。值得关注的是，2018~2020 年这一期为负值，这主要是因为国际农产品市场需求处于低迷期以及中美贸易摩擦、新冠肺炎疫情暴发等外围因素所引起的。但不可否认的是，中国农产品出口竞争力仍然向好的态势发展。相比出口产品竞争力效应，出口市场竞争力效应对中国农产品出口的影响更加明显，呈现总体向好的发展态势，对中国农产品出口的贡献比例稳步增加。从分类农产品出口竞争力效应来看，第 7 类（食用蔬菜、根及块茎）、第 8 类（食用水果及坚果；甜瓜或柑橘属水果的果皮）、第 20 类（蔬菜、水果、坚果或植物其他部分的制品）、第 21 类（杂项食品）、第 23 类（食品工业的残渣及废料；配制的动物饲料）等农产品表现较好，对中国农产品出口竞争力的提升起到了关键性的作用。

表 6-1　2002~2020 年中国农产品出口变动的修正 CMS 模型分解结果

单位：亿美元，%

出口增长动因	2002~2008 年		2008~2013 年		2013~2018 年		2018~2020 年	
	贡献量	贡献率	贡献量	贡献率	贡献量	贡献率	贡献量	贡献率
出口实际变动	264.20	100.00	164.75	100.00	30.17	100.00	-143.06	100.00
需求规模效应	86.19	32.62	41.72	25.32	-2.44	-8.08	-52.29	36.55

续表

出口增长动因	2002~2008 年		2008~2013 年		2013~2018 年		2018~2020 年	
	贡献量	贡献率	贡献量	贡献率	贡献量	贡献率	贡献量	贡献率
出口结构效应	114.62	43.38	74.46	45.20	12.65	41.93	-70.95	49.59
产品结构效应	-4.07	-1.54	1.52	0.92	-1.73	-5.73	-9.97	6.97
市场结构效应	118.69	44.92	72.94	44.27	14.38	47.66	-60.98	42.62
出口竞争力效应	63.39	23.99	48.57	29.48	19.96	66.16	-19.82	13.85
产品竞争力效应	-4.83	-1.83	0.83	0.50	2.39	7.92	3.20	-2.24
市场竞争力效应	68.22	25.82	47.74	28.98	17.57	58.24	-23.02	16.09

从对出口竞争力效应的分解来看，中国农产品出口的产品竞争力效应在全球市场上节节攀升，产品竞争力效应由第一期的负效应转为第二期的正效应，盈余值分别为-4.83 亿美元和 0.83 亿美元，第三期增长为 2.39 亿美元的正效应，到第四期产品竞争力效应继续增加，达到 3.20 亿美元。反观农产品出口的市场竞争力效应，贡献量是不断下降的，市场竞争力效应对农产品出口增长的拉动由第一期的 68.22 亿美元下降到第二期的 47.74 亿美元，后在第三期又下降到 17.57 亿美元，到第四期由正效应转为负效应，为-23.02 亿美元。通过产品竞争力效应和市场竞争力效应的对比分析发现，正因为市场竞争力效应下降的幅度远超产品竞争力上升幅度，导致中国农产品出口竞争力效应在第四期出现了反转，由正效应转变为负效应。总体来看，美国、韩国和越南是中国农产品的市场竞争力效应的主要来源，尤其是以美国的贡献值最大，表明中国农产品在美国市场上具有较强的竞争力，而在亚洲地区市场上也具有很强的竞争力。2018~2020 年，中国农产品出口市场竞争力效应平均为 0.40 亿美元，对其贡献最大的市场依次为美国（2.37 亿美元）、日本（0.94 亿美元）、韩国（0.87 亿美元）、越南（0.70 亿美元），除了中国香港（-1.55 亿美元）和印度尼西亚（-0.15 亿美元）之外，其余市场所占份额较少且呈正效应。不论在哪一个时间段中国农产品在某个重点市场竞争不利，都会影响到中国农产品的市场竞争力，这点需要中国政府亟须重视。

6.4 中国农产品进口变动的修正 CMS 模型分析

6.4.1 供给规模效应对中国农产品进口变动影响分析

随着全球经济一体化的进程快速推进，国内市场和国际市场的联系日益增强，"国际市场国内化、国内市场国际化"已成为国际贸易发展的主要形式，如何利用两个市场和两种资源已成为国内需求选择的必然途径。2002~2008 年，全球市场农产品供给以年均 12.12% 的速率增加，缓解了中国农产品供给压力，促进农产品进口的步伐，供给规模效应引起中国农产品进口增加了 53.29 亿美元且贡献率为 14.85%。2008~2013 年，供给规模效应对中国农产品进口发挥的作用更加强劲，引起中国农产品进口 137.32 亿美元且贡献率达到 19.82。2013~2018 年，供给规模效应顺势继续拉动中国农产品进口增长，促使中国农产品进口增加 77.22 亿美元，相比第二期出现了明显下滑，净减少 60.1 亿美元，但这一时期的贡献率却是大幅增加，达到了 46.77%。2008~2020 年，供给规模效应对中国农产品进口的变动起到了逆反效应，对中国农产品进口的拉动为-53.13 亿美元，且贡献率也大幅降低，为-26.12%。2002 年以来，全球农产品市场供给呈现波动增加态势。2002~2020 年，全球农产品市场供给先由 2002 年的 5591.24 亿美元增加到 2018 年的 16308.53 亿美元，年均增长率为 6.50%，到 2020 年减少到 14751.44 亿美元，减少了 3.29%。这主要得益于中国"入世"以后按照所签承诺取消了一系列关税措施，一是逐步降低农产品关税。2001~2018 年，我国完成"四联降税"，降低了 100 多个税目的进口关税，已经履行了绝大部分"入世"承诺的降税义务，农产品关税已降至 15.2%，完成了降税承诺。二是对农产品出口补贴予以取消。三是调整部分加工农产品出口退税。除了对稀缺资源型农产品出口进行保护实行不予免税和退税外，绝大多数农产品都实行了出口退税政策，尤其是对于豆油、花生油等深加工农产品出口退税率从 5% 或 11% 提高到 13%。四是进一步放开关税配额管理。对粮食、棉花等大宗农产品实行进口配额管理制度外，取消所有植物油的关税配额，实行 9% 的单一关税政策等。近年来，受到金融危机的波及、中美贸易摩擦和新冠肺炎疫情的冲击等一系列外部环境的影响，全球农产品处于疲软期，导致中国农产品进口也出现了短暂的下滑。可见，营造良好的外部环境且给予充足的国际市场农产品供给，加之国内强劲的农产品市场需求，成为引起中国农产品进口持续增加的重要因素。

6.4.2 进口结构效应对中国农产品进口变动影响分析

进口结构效应通过产品结构效应和市场结构效应共同影响中国农产品进口的变动。2002~2008 年，中国农产品进口结构效应反而对农产品进口增长造成阻碍效果，引起中国农产品进口减少 1.03 亿美元。具体来看，产品结构效应和市场结构效应对中国农产品进口变动的影响表现"分道扬镳"，前者为阻碍作用，后者为促进作用，且产品结构效应引起中国农产品进口减少 1.28 亿美元，市场结构效应引起中国农产品进口增加 0.25 亿美元，这表明对比全球市场的农产品进口市场布局，中国农产品进口多是集中在出口能力较弱的国家或市场，抑制了中国农产品出口的增长。2008~2013 年，中国农产品进口结构效应由之前的反向约束作用转向了正向促进作用，贡献率也由前一阶段的-0.29% 逐步转变为 0.16%。其中，产品结构效应和市场结构效应一致发挥了正向促进作用，共同引起中国农产品进口增加 1.12 亿美元，贡献率分别达到 0.09 和 0.07%，这表明中国农产品进口向发展较快的市场集中，且市场结构也趋向于合理化，尤其在全球需求市场处于萧条期，产品结构改革和市场结构改革均发挥了重要作用。2013~2018 年，中国农产品进口结构效应处于长期低谷状态，对农产品进口增长产生强烈的反向阻碍作用，引起中国农产品进口减少了 10.59 亿美元，贡献率为 -6.41%。其中，产品结构效应和市场结构效应对中国农产品进口变动的影响均表现为阻碍作用，分别引起中国农产品进口减少了 6.13 亿美元和 4.45 亿美元且贡献率分别为 -3.71% 和 -2.70%，这表明与全球市场对比，中国农产品进口更多集中在出口增长较慢的市场和农产品，中国农产品进口的增加产生共同抑制效果。2018～2020 年，中国农产品进口结构效应快速提升，是长期内提升最快的一个时期，贡献率也是四个时期内最高的，为 4.23%，引起中国农产品进口增加 8.60 亿美元，相比上个时期累计净增加 19.19 亿美元，贡献率也提升了 10.64 个百分点。其中，产品结构效应表现为阻碍作用，市场结构效应表现为促进作用，并且后者引起的中国农产品进口的增加（9.43 亿美元）超过了前者引起中国农产品进口的减少（0.84 亿美元），这表明，相比全球市场而言，中国农产品进口市场集中在全球农产品出口较快的市场，而进口农产品则集中在全球出口较慢的农产品。

6.4.3 进口竞争力效应对中国农产品进口变动影响分析

进口竞争力效应是影响中国农产品进口变动的最主要因素。2002～2008 年，进口竞争力效应引起中国农产品进口增加 306.55 亿美元，贡献率为 85.44%，其中产品竞争力效应和市场竞争力效应的贡献率分别为 47.65% 和 37.79%，这表明全球农产品的产品竞争力效应和市场竞争力效应在这一时期的表现效果均强于中国农产品的产品竞争力效应和市场竞争力效应，促进了中国农产品进口的增长，这也进一步验证了中国农产品具有较强的出口竞争力。2008～2013 年，进口竞争力效应相比之前一个时期而言，对中国农产品进口的影响更为强劲，引起中国农产品进口增加了 554.46 亿美元，增长了 80.87%，贡献率为 80.02%，依然在 80% 以上。其中，产品竞争力效应和市场竞争力效应对中国农产品进口变动的影响依然表现出强劲的促进作用，与 2002～2008 年相比均显著提升，分别增加了 96.54% 和 61.11%，这表明国外农产品的产品竞争力效应和市场竞争力效应依然强于国内农产品竞争力，促进了中国农产品进口的增长，但国外农产品的出口竞争力表现显著下降，而国内农产品出口的竞争力相反在显著提升。2013~2018年，进口竞争力效应对中国农产品进口变动的影响主要发挥了促进作用，引起中国农产品进口增加 98.48 亿美元且贡献率为 59.64%，相比 2008~2013 年这一时期，中国农产品进口的贡献量和贡献率均大幅减少，分别减少了 82.23% 和25.46%。其中，产品竞争力效应引起的中国农产品进口的贡献量在减少，减少了 75.05%，但是贡献率却逐步增加，增加了 4.70%；而市场竞争力效应引起的中国农产品进口的贡献量和贡献率均纷纷下降，分别减少了 93.29% 和 71.87%。2018~2020 年，进口竞争力效应对中国农产品进口产生强劲的正向影响，促进中国农产品进口增长高达 247.93 亿美元且贡献率为 121.89%，其中产品竞争力效应和市场竞争力效应也快速增加，贡献率分别为 57.15% 和 64.74%，相比之前2013~2018 年这个时期贡献率分别提升了 6.37% 和 55.88%，这表明全球农产品出口规模不断扩大的背后的本质是，国外农产品出口竞争力在不断提升，而国内的农产品出口竞争力并不占优势，导致出口规模持续下降，从而形成中国农产品进口增长扩大的状况（见表 6-2）。

表 6-2　2002~2020 年中国农产品进口变动的修正 CMS 模型分解结果

单位：亿美元，%

进口增长动因	2002~2008 年		2008~2013 年		2013~2018 年		2018~2020 年	
	贡献量	贡献率	贡献量	贡献率	贡献量	贡献率	贡献量	贡献率
进口实际变动	358.80	100.00	692.90	100.00	165.11	100.00	203.41	100.00
供给规模效应	53.29	14.85	137.32	19.82	77.22	46.77	-53.13	-26.12
进口结构效应	-1.03	-0.29	1.12	0.16	-10.59	-6.41	8.60	4.23
产品结构效应	-1.28	-0.36	0.61	0.09	-6.13	-3.71	-0.84	-0.41
市场结构效应	0.25	0.07	0.51	0.07	-4.45	-2.70	9.43	4.64
进口竞争力效应	306.55	85.44	554.46	80.02	98.48	59.64	247.93	121.89
产品竞争力效应	170.97	47.65	336.03	48.50	83.84	50.78	116.24	57.15

续表

进口增长动因	2002~2008 年		2008~2013 年		2013~2018 年		2018~2020 年	
	贡献量	贡献率	贡献量	贡献率	贡献量	贡献率	贡献量	贡献率
市场竞争力效应	135.58	37.79	218.43	31.52	14.64	8.87	131.69	64.74

6.5 本章小结

本章利用修正的 CMS 模型，按照不同阶段对中国农产品进出口变动的影响因素进行双向分解。总体来看，中国农产品进出口在贸易发展的不同阶段，贸易规模、贸易结构以及贸易竞争力对中国农产品出口和进口变动的作用方式和作用方向、程度大不相同。从中国农产品出口的影响因素看，除了 2003~2018 年这一时期出口竞争力效应占主导因素外，其他时期出口结构效应是影响中国农产品出口的主要决定性因素，尤其是出口结构效应中的市场结构效应所占比重较高，均在 40% 以上；需求规模效应在 2002~2008 年、2018~2020 年这两个时期是影响中国农产品出口的次要决定性因素；出口竞争力效应仅在 2008~2013 年这一时期处于次要决定性因素。从中国农产品进口的影响因素看，一直以来，进口竞争力效应是中国农产品进口变动的决定性影响因素；供给规模效应除了 2018~2020 年这一时期外，其他时期均处于影响中国农产品出口的次要决定性因素，而进口结构效应也是影响中国农产品进口变动的重要因素。对比不同发展阶段，在新发展格局新阶段，市场结构效应、规模效应分别是影响中国农产品出口规模的主要、次要决定性因素，进口竞争力效应和结构效应是影响进口规模变动的决定性因素和重要因素。

第7章 新发展格局下中国农产品贸易区域结构演化的驱动因素分析

在国际贸易政策持续调整和农业对外开放进程日益深化的大背景下，中国农产品贸易融入世界市场的步伐不断加快，融合程度也显著提升，农产品贸易格局也发生了新的变化。中国农产品贸易合作伙伴由改革开放前的60多个国家迅速发展到至今的世界绝大部分国家和地区。据联合国商品贸易数据库统计，2020年中国农产品贸易合作伙伴已经扩展到205个国家和地区。从国家来看，日本、中国香港、越南、美国、韩国、泰国、马来西亚、菲律宾、印度尼西亚、孟加拉国等国家和地区是中国农产品主要出口国家和地区，这十位的比重加起来占61.86%；巴西、美国、澳大利亚、新西兰、泰国、加拿大、阿根廷、印度尼西亚、越南、法国等国家和地区是中国农产品主要进口国家，这十位的比重加起来占65.82%。从洲际来看，在中国农产品出口贸易中，亚洲占据主导地位，约占66.77%，其次为欧洲、北美洲和非洲，分别占13.13%、8.73%和6.39%，最后是拉丁美洲和大洋洲，分别占3.30%和1.68%；在中国农产品进口贸易中，拉丁美洲占据主导地位，比重为29.86%，亚洲、欧洲和北美洲位居其次，分别占21.51%、18.31%和17.52%，大洋洲和非洲所在比重最低，分别为10.33%和2.46%。可见，我国农产品对外贸易的区域结构依然单一，市场集中度较高，这势必会对贸易伙伴国的国内产业产生影响，在一定程度上增加贸易摩擦的概率，使得一国或一地区承受过多的政治和经济压力。因此，探讨中国农产品贸易区域结构研究的影响因素，为确保国家经济安全、更好地制定有效贸易政策以及转变贸易地区结构等提供参考证据。

7.1 内在机制分析及研究假设

7.1.1 经济发展水平、汇率与中国农产品贸易地区结构

根据国际经济理论，一国或一地区的对外贸易取决于本国的国民经济发展水平以及国外的国民经济发展水平以及人民币实际有效汇率等因素。英国经济学家James Edward Meade 主张，国内经济的变化会影响一国或一地区的对外贸易发展状况，且进出口产品的价格也会随着汇率的变化而不同，尤其是国外对产品的需求和国内对该产品的供给不同也会对一国或一地区的对外贸易产生影响。孙灵燕和李荣林认为国内经济发展水平对中国出口到亚洲和北美洲地区的产品影响较大，对中国从亚洲进口的影响下降，而对北美洲和欧洲地区的进口影响上升；国外经济发展水平会使得中国与亚洲、欧洲和北美洲的产品贸易所占份额增加；人民币实际有效汇率的上升使得中国出口到不同区域的比重下降，对中国进口区域结构的影响具有异质性[224]。可见，不论是国内经济发展水平，还是国外经济发展水平，对中国对外贸易均会产生影响，并且汇率的变动对中国的对外贸易额也会产生不同程度的影响，但影响效果会随着时间的推移而减弱[225]。农产品贸易作为中国对外贸易的重要组成部分，目前鲜有文献对农产品贸易区域结构演化进行深入分析，因此本书通过参考和借鉴中国对外贸易地区结构的类似分析，对中

国农产品贸易区域结构演化展开讨论。基于此，本书提出以下研究假设：

假设 H1：经济发展水平对中国农产品对外贸易区域结构演化具有显著的促进作用，但是对不同区域结构的影响具有显著的差异性。

假设 H2：人民币有效汇率的升值不利于中国农产品对外贸易区域结构演化。

7.1.2　直接投资与中国农产品贸易地区结构

投资与农产品贸易在充分利用"两种资源、两个市场"，调剂农产品市场余缺、推动农业结构调整、促进农牧民收入增加、保持国民经济稳定健康发展方面作出了突出贡献。投资作为重要的推动力，它与贸易之间的关系成为学界和政界研究的热点话题之一。投资和贸易经历了一个由完全不同体制框架的隔阂状态演变到一个相互交融的阶段，再到构建一体化理论发展的过程。不管怎样，投资与贸易之间的关系是复杂的，基于不同情景，二者之间的关系也呈现出替代作用、互补作用、完全无作用。涉及贸易和投资的相关研究，多数学者认为不论是外资的流入还是外资的流出均与国际贸易不可分割，但是对于二者的关系也有学者持有不同的意见。Mundell 认为直接投资与贸易存在替代作用[226]，Marchant 也证实了美国在东亚投资与农业贸易之间存在显著的替代关系[227]，朱万里和高贵现不仅得出了对外直接投资与农产品贸易之间存在替代关系，还指出二者之间的关系对周边国家的农产品贸易会产生显著的正向溢出效应[228]。但是小岛清则认为二者存在显著的互补作用[229]，Furtan 得出了农业贸易与投资之间表现出互补关系[230]；吕立才和黄祖辉表明 FDI 和中国农产品与食品的贸易存在长期稳定均衡关系，且具有互补性[231]；乔雯等对中国与日本农产品贸易和投资进行了研究，发现二者之间存在长期稳定的互补关系[232]。而 Solana-Rosillo 认为由于农业部门具有特殊性，很难得出贸易和投资之间具有替代还是互补关系[233]；曾寅初和陈忠毅得出台湾对大陆的投资对两岸农产品贸易的增长没有显著影响[234]。不难发现，以往学者多站在本国角度去考察直接投资和农产品贸易，这样不具有全面性和说服力，因此，需要从全球化的角度进一步检验直接投资与农产品贸易的关系，而且需要针对不同国家的具体情境去分析。基于此，本书提出以下研究假设：

假设 H3：直接投资对中国农产品对外贸易区域结构演化可能存在替代效应或者互补效应抑或无效应。

7.1.3 贸易政策与中国农产品贸易地区结构

7.1.3.1 关税政策与中国农产品贸易地区结构

传统贸易理论认为自由贸易是资源配置的最佳手段，而关税政策则是其次优手段，均会对贸易国的生产、消费、价格以及政府收入产生影响[235]。农业的特殊性以及农产品的特性和作用决定了农产品关税政策是各个国家关注的焦点话题之一。多哈回合农业谈判和世贸组织新一轮农业谈判的瓶颈均在于关税减让的市场准入议题，各国在农产品关税上很难达成一致，主要体现在各国在政治和经济利益层面的不同博弈。可见关税确实对农产品贸易地区结构影响很大。例如，在贸易摩擦和关税政策的多重冲击下，中国大豆贸易的地理结构在不断发生调整，呈现出中国大豆进口以美国为主导转向了巴西、俄罗斯和加拿大[236]。但是出口退税的增加对各大洲的出口产品结构没有显著变化，而进口关税的提升会影响各大洲的进口比重[224]。基于此，本书提出以下研究假设：

假设 H4：关税政策对中国农产品贸易区域结构演变具有不确定性。

7.1.3.2 "双循环"政策与中国农产品贸易地区结构

2020 年 5 月，"国内国际双循环新发展格局"在中共中央政治局常务委员会会议上被提出，习近平总书记在全国政协十三届经济界委员联组会会议上也表示，要逐步形成"以国内大循环为主体，国内国际双循环相互促进的新发展格局"，这是党中央在百年未有之大变局中作出的重大战略决策，是"十四五"时期引领外贸高质量发展的新引擎。当前，中国城镇化建设逐渐趋于饱和，农村基础设施建设日益完善，乡村振兴稳步推进，再也找不到之前那样快速的、大幅度的拉动经济增长，所以提振内需仍然靠消费，才能激活市场活力。在逆全球化、地缘政治和新冠疫情多重叠加的影响下，中国农产品贸易环境不确定性增强，中国农产品贸易面临着巨大的下行压力，多数企业迅速调整战略，变出口为内销，依靠国内大循环，但这并不意味着减少出口，因为外循环是内循环的外因，提供了外在活力，是巩固"内循环"最有利的方式之一。所以，"双循环"新格局的提出，有助于国际复杂环境对中国农产品贸易产生的不利冲击，推进农产品贸易结构升级及质量的进一步提升。基于此，本书提出以下研究假设：

假设 H5："双循环"政策有利于中国农产品贸易区域结构优化升级。

7.2　研究设计

7.2.1　研究样本选择

农产品对外贸易地区结构是以国家或者地区为单位所计算的出口商品市场结构和进口商品市场结构，表明世界各个国家或地区在一国或一地区的农产品对外贸易中所占据的位置，反映了一国或一地区与他国或地区之间的农产品贸易关联程度。通常用一国对世界其他国家或地区的农产品出口额或进口额占该国农产品出口总额或进口总额的比重来表示。基于 2020 年国研网统计数据库数据，中国农产品进出口在亚洲、欧洲、非洲、北美洲、拉丁美洲和大洋洲均有涉及。本书选取了中国农产品进出口总额占六大洲比重总和超 60%的国家和地区（共计 41个国家和地区）作为研究对象。其中，中国在亚洲的主要贸易伙伴国和地区有11 个，分别是巴基斯坦、菲律宾、韩国、马来西亚、缅甸、日本、泰国、印度、印度尼西亚、越南、中国香港；在非洲的主要贸易伙伴国和地区有 13 个，分别是埃及、埃塞俄比亚、贝宁、多哥、加纳、津巴布韦、科特迪瓦、摩洛哥、南非、尼日利亚、塞内加尔、苏丹、坦桑尼亚；在欧洲的主要贸易伙伴国和地区有 8 个，分别是德国、俄罗斯、法国、荷兰、乌克兰、西班牙、意大利、英国；在拉丁美洲的主要贸易伙伴国和地区有 5 个，分别是阿根廷、巴西、秘鲁、墨西哥、智利；在北美洲的主要贸易伙伴国有 2 个，分别是美国和加拿大；在大洋洲的主要贸易伙伴国有 2 个，分别是澳大利亚和新西兰。选取的 41 个国家和地区，中国对其农产品出口额和进口额分别占到中国农产品出口总额和进口总额的 83.96% 和 90.90%，具有很高的代表性。为了保证数据的可获得性和口径的一致性，本书样本数据的考察期为 2002～2020 年，数据统一来自国研网对外贸易统计数据库。

7.2.2　计量模型设定

影响一国或一地区农产品对外贸易区域结构的影响因素众多，本章根据国际贸易理论和中国当前实际情况以及数据的可选择性和可操控易测性，从经济发展水平、汇率、外商直接投资、关税政策、"双循环"政策等方面选取具有代表性的指标作为影响中国农产品对外贸易区域结构的主要因素，并借鉴已有研究，将基准回归计量模型设定如下：

$$arx_{it} = \alpha_0 + \alpha_1 gdp_t^c + \alpha_2 pgdp_t^f + \alpha_3 rate_t + \alpha_4 fdi_t + \alpha_5 ext_t^c + \alpha_6 inter_{it} + \alpha_7 edi_{it} + \gamma_i + \gamma_t + \varepsilon_{it}$$

$$(7-1)$$

$$aim_{it} = \beta_0 + \beta_1 gdp_t^c + \beta_2 pgdp_t^f + \beta_3 rate_t + \beta_4 fdi_t + \beta_5 imt_t^c + \beta_6 inter_{it} + \beta_7 edi_{it} + \gamma_i + \gamma_t + \varepsilon_{it}$$

$$(7-2)$$

其中，被解释变量 aex_{it} 和 aim_{it} 分别为第 t 时间中国农产品对外贸易区域结构。解释变量 gdp_t^c、$pgdp_t^f$、$rate_t$、fdi_t、ext_t^c、imt_t^c、$inter_{it}$、edi_{it} 分别为中国人均 GDP、国外人均 GDP、实际人民币有效汇率、外国直接投资、平均出口退税率、平均进口关税率、城镇可支配收入水平、出口抵消进口的能力。为了解决所选样本中的偏误问题，方程中分别引入了国家和年份的固定效应（r_i 和 r_t），以控制所选择的样本不随时间推移而变化的国家特征以及不随横截面变化的时间特征。ε_{it} 为随机误差项。在方程中，α_0 和 β_0 为常数项，α_1、α_2、α_3、α_4、α_5、α_6、α_7 和 β_1、β_2、β_3、β_4、β_5、β_6、β_7 分别为待估参数，是本章中最为关心的参数，如果其在统计上显著为正，则表明该解释变量有助于促进中国农产品对外贸易区域结构变迁。

7.2.3　研究变量说明

第一，农产品贸易地区结构。本章用 aex_{it} 来表示中国农产品出口地区结构，若 aex_{it} 增加，表明中国出口到第 i 国或地区的农产品金额增加，也就是说中国农产品出口总额中与该国产生的农产品出口增加，进而导致农产品出口地区结构发生转移。同理，本章用 aim_{it} 来表示中国农产品进口地区结构，表明中国在 t 时间从第 i 国或地区进口农产品金额。

第二，经济发展水平。本章将中国实际人均国内生产总值 gdp_t^c 和国外实际人均国内生产总值 $pgdp_t^f$ 作为影响中国农产品对外贸易区域结构发生变化的一个重要影响因素。

第三，汇率。本章用人民币实际有效汇率 $rate_t$ 来表示中国农产品贸易过程中的汇率变化。由于人民币实际有效汇率不仅可以提出通货膨胀对货币自身变化的影响，还考虑了双边汇率的相对情况，能够综合反映出本国货币的购买力水平和对外价值水平，具体公式如下所示：

$$rate_t = \frac{rate_t^{f-d}}{rate_t^{c-d}} \tag{7-3}$$

其中，$rate_t^{c-d}$ 表示中国在 t 时间人民币对美元的汇率；$rate_t^{f-d}$ 表示各国在 t 时间自身货币对美元的汇率。

第四，外国直接投资。考虑到外国直接投资对一国农业经济会产生连续的作用，而对农产品贸易也会产生滞后性，且外国直接投资存量较为稳定，本章采用每年国外流入中国的资本来衡量外国直接投资 fdi_t。

第五，关税政策。一国或一地区的对外贸易政策会直接影响到该国或该地区的对外贸易区域结构。基于此，本章选用平均出口退税率 ext_t^c 来表示一国或一地区对农产品出口的鼓励政策。出口退税实际上是一国或一地区对于出口的农产品已经征收的关税通过退还部分或者全部给出口商的一种激励措施。出口退税的程度也代表了一国或一地区对于出口的鼓励程度，也间接说明该国或该地区对外出口的开放程度。平均出口退税率是用一年的出口退税总额与该年总的出口总额的比值来表示。同理，本章用平均进口关税率 imt_t^c 来表示一国或一地区对于农产品进口的限制，平均进口关税率是用当年征收的关税额除以该国当年的进口总额来表示。

第六，"双循环"政策。江小涓和孟丽君指出，在国内国际双循环框架中，国内循环始终处于主体地位，会带动国际循环的发展[172]。但是，这并不是说国际循环不重要，当前中国 GDP 占到全球 GDP 的比重还不足两成，广阔的海外市场还需拓展，所以在发展内循环的同时需要进一步推动外循环，促进企业开展对外贸易和"走出去"[237]。鉴于此，本章一方面构建能够代表内循环发展的潜力变量，用来评估其对中国对外贸易区域结构变迁的影响，具体以城镇居民可支配收入水平来衡量 $inter_{it}$；另一方面选取出口抵消进口的能力（不变价本币单位） edi_{it} 来表示外循环发展的潜在变量。

7.2.4 数据来源、处理及检验

7.2.4.1 数据来源及描述性统计

为了有效测算中国农产品对外贸易区域结构演进的影响因素，鉴于数据来源的科学性、可获得性和一致性，本章选取了 2002~2020 年 43 个国家或地区的面

板数据作为样本进行实证分析。本章使用的数据主要来源于国研网对外贸易统计数据库、世界银行数据库、国家统计局数据库以及中国国家税务总局网站。其中，中国农产品出口地区结构和进口地区结构数据来源于国研网对外贸易统计数据库；城镇居民可支配收入水平、外商直接投资来源于国家统计局数据库；人均 GDP、出口抵消进口的能力、汇率来源于世界银行数据库；出口退税额以及关税收入来源于中国国家税务总局网站，各变量的描述性统计如表 7-1 所示。

表 7-1　主要变量的描述性统计

变量	观测值	平均值	标准差	最小值	最大值
出口地区结构	779	19.7994	1.8083	13.3245	23.2482
进口地区结构	779	19.8319	2.0539	12.7308	24.2869
国内人均 GDP	779	8.3870	0.7356	7.0462	9.2592
国外人均 GDP	779	8.5838	1.5971	4.7178	11.1295
汇率	779	1.0145	2.8336	-2.7227	8.1560
外商直接投资	632	8.4727	3.2194	0.0000	16.1744
出口抵消进口的能力	779	28.0504	2.9739	18.5578	36.2265
城镇居民可支配收入水平	779	7.9616	0.6431	6.8359	8.7565
平均出口退税率	779	-2.6083	0.2152	-3.1541	-2.3335
平均进口关税率	779	-3.8081	0.1227	-4.0165	-3.5464

7.2.4.2　数据平稳性及协整检验

为了避免所选取的面板数据在回归分析过程中出现异方差性，本章对原始数据进行了对数化处理，即为 lnaex、lnaim、lngdp、lnpgdp、lnrate、lnfdi、lnedi、lninter、lnext、lnimt。同时，传统的面板模型会因为数据的不平稳而出现伪回归现象，所以在进行面板回归分析时需要对原始面板数据采取平稳性检验。总结现有的数据平稳性检验方法主要有 LLC 检验法、Breitung t-stat 检验法、IPS 检验法、ADF 检验法以及 PP-Fisher 检验法，而最为常用的方法主要是 ADF 检验法。为了避免出现单一检验方法的不确定性和局限性，本章主要采用 LLC 检验法、

IPS 检验法、ADF 检验法对选取的变量进行面板平稳性检验，检验结果如表 7-2 所示。检验结果显示，当对变量进行原始数据检验时，发现三种检验结果出现了不一致性，有的能够在 10% 的显著水平上拒绝存在单位根的原假设，有的则不能在 10% 的显著水平上拒绝单位根的原假设，这也证明了并非所有的变量都具有完全的平稳性。当对变量进行一阶差分进行检验时，发现三种检验方法检验的变量均在 1% 的显著水平拒绝了存在单位根的原假设，均通过了显著性检验，说明一阶差分后的变量具有明显的平稳性，可以认定 lnaex、lnaim、lngdp、lnpgdp、ln-rate、lnfdi、lnedi、lninter、lnext、lnimt 通过了面板单位根检验，且是一阶单整序列，即为 I（1）类型。

表 7-2 变量的平稳性检验

变量	LLC	IPS	ADF	变量	LLC	IPS	ADF
lnaex	−2.4374 (0.0074)	3.74518 (0.9999)	79.9629 (0.5431)	Δlnaex	−17.3954 (0.0000)	−14.8499 (0.0000)	349.032 (0.0000)
lnaim	−5.6907 (0.0000)	−4.4198 (0.0000)	155.081 (0.0000)	Δlnaim	−13.2105 (0.0000)	−12.7277 (0.0000)	313.083 (0.0000)
lngdp	10.6054 (1.0000)	18.8471 (1.0000)	0.15844 (1.0000)	Δlngdp	−12.7618 (0.0000)	−6.5193 (0.0000)	169.473 (0.0000)
lnpgdp	−3.0579 (0.0011)	2.5163 (0.9941)	76.5581 (0.6489)	Δlnpgdp	−14.2299 (0.0000)	−10.7862 (0.0000)	254.878 (0.0000)
lnrate	−2.5467 (0.0054)	−3.4962 (0.0002)	154.894 (0.0000)	Δlnrate	−11.7260 (0.0000)	−8.4477 (0.0000)	214.423 (0.0000)
lnfdi	−8.3817 (0.0000)	−3.9624 (0.0000)	159.738 (0.0000)	Δlnfdi	−16.3660 (0.0000)	−9.9869 (0.0000)	334.234 (0.0000)
lnedi	−1.6521 (0.0493)	−0.1244 (0.4505)	75.0483 (0.6938)	Δlnedi	−13.6345 (0.0000)	−10.8784 (0.0000)	257.496 (0.0000)
lninter	−1.8386 (0.0330)	2.3151 (0.9897)	23.3544 (1.0000)	Δlninter	−15.0700 (0.0000)	−7.3960 (0.0000)	186.767 (0.0000)
lnext	5.3129 (1.0000)	−19.5033 (0.0000)	458.378 (0.0000)	Δlnext	−6.8987 (0.0000)	−11.2544 (0.0000)	285.116 (0.0000)

续表

变量	LLC	IPS	ADF	变量	LLC	IPS	ADF
lnimt	2.6678 (0.9962)	1.1626 (0.8775)	47.5458 (0.9992)	Δlnimt	−13.6810 (0.0000)	−4.1422 (0.0000)	120.621 (0.0036)

注：括号中为 Prob. 值。

通过变量的面板单位根检验结果可知，各个变量确实具有平稳性，但是判断变量之间是否存在一定的关系，还未能完全进行确定，需要进一步进行检验。关于变量之间关系的检验多采用协整检验，协整检验主要包括 Kao 残差协整检验、Pedroni 残差协整检验、Johansen Fisher 面板协整检验。在实际操作中，Pedroni 残差协整检验和 Johansen Fisher 面板协整检验会因变量的过多而失效导致无法使用，而 Kao 残差协整检验则比较适合多变量之间关系的检验。因此，本章采用 Kao 残差协整检验法对中国农产品出口地区结构和中国农产品进口地区结构的影响因素进行协整检验，检验结果如表 7-3 所示。依据 Kao 残差协整检验结果，发现 lnaex 与 lngdp、lnpgdp、lnrate、lnfdi、lnedi、lninter、lnext 之间在 10% 的显著水平上通过了检验，说明中国农产品出口地区结构变化与国内人均 GDP、国外人均 GDP、汇率、外商直接投资、出口抵消进口能力、城镇居民可支配收入水平、平均出口退税率之间存在显著的均衡关系；lnaim 与 lngdp、lnpgdp、lnrate、lnfdi、lnedi、lninter、lnimt 之间在 5% 的显著水平上拒绝原假设，通过了显著性检验，说明中国农产品进口地区结构变化与国内人均 GDP、国外人均 GDP、汇率、外商直接投资、出口抵消进口能力、城镇居民可支配收入水平、平均进口关税率之间存在显著的均衡关系。

表 7-3　Kao 残差协整检验结果

变量	t-Statistic	Prob.
lnaex、lngdp、lnpgdp、lnrate、lnfdi、lnedi、lninter、lnext	−4.8525	0.0000*

变量	t-Statistic	Prob.
lnaim、lngdp、lnpgdp、lnrate、lnfdi、lnedi、lninter、lnimt	1.7857	0.0371**

注：**、*分别表示在5%、10%的统计水平上显著。

7.3 中国农产品贸易地区结构演化的驱动因素分析

为了准确识别出中国农产品贸易地区结构演变的驱动因素，本章主要采用多元回归分析中的向后回归分析方法。首先，建立一个基本的饱和模型，给定一个10%的显著性水平；其次，按照这个显著性水平表征逐步剔除不符合模型条件的变量；最后，模型中只留下最优的显著性变量，这时模型是最优的，且F统计量也是最大的。已有研究表明，中国农产品贸易地区结构存在明显的区域异质性[224,238,239]。因此，本章利用Stata统计分析软件分别从整体和区域层面对中国农产品出口地区结构的驱动因素和中国农产品进口地区结构的驱动因素进行辨析。

7.3.1 中国农产品出口地区结构驱动因素的实证结果分析

7.3.1.1 中国农产品出口地区结构的回归结果分析

表7-4报告了式（7-1）中对应回归方程的基准回归估计结果。可以发现本国人均GDP、国外人均GDP、外商直接投资、出口抵消进口能力对中国农产品出口地区结构具有显著的正向效应，汇率对中国农产品出口地区结构具有显著的负向影响。在普通最小二乘法回归前提下，本国人均GDP对中国农产品出口地区结构的弹性系数估计值为0.814，在1%的显著水平上通过了检验；国外人均

GDP 对于中国农产品出口地区结构的弹性系数估值为 0.076，在 10% 的显著性水平上拒绝零假设；外商直接投资对于中国农产品出口地区结构的弹性系数估值为 0.226，在 1% 的显著性水平上拒绝零假设；出口抵消进口能力对于中国农产品出口地区结构的弹性系数估值为 0.386，在 1% 的显著性水平上拒绝零假设；汇率对于中国农产品出口地区结构的弹性系数估值为 -0.164，在 1% 的显著性水平上拒绝零假设。这说明本国人均 GDP 每提高 1 个标准差，中国农产品出口地区结构将得到 59.87% 的优化；国外人均 GDP 每提高 1 个标准差（1.5971），中国农产品出口地区结构将优化 12.14%；外商直接投资每提高 1 个标准差（3.2194），中国农产品出口地区结构将优化 73.08%；出口抵消进口能力每提高 1 个标准差（2.9739），中国农产品出口地区结构将优化 114.79%；汇率每提高 1 个标准差（2.8336），中国农产品出口地区结构将恶化 43.18%。此外，城镇居民可支配收入水平和平均出口退税率对中国农产品出口地区结构影响未能有效识别，未被纳入到模型中。

表 7-4　中国农产品出口地区结构驱动因素的面板数据回归结果

变量	整体	亚洲	非洲	欧洲	北美洲	大洋洲	拉丁美洲
lngdp	0.814 *** (0.054)	—	—	2.376 ** (1.006)	3.655 *** (1.024)	3.590 *** (0.902)	
lnpgdp	0.076 * (0.042)	0.701 *** (0.027)	1.512 *** (0.123)	0.747 *** (0.039)			0.421 ** (0.186)
lnrate	-0.164 *** (0.035)	0.026 (0.030)	0.057 (0.082)				-0.927 *** (0.054)
lnfdi	0.226 *** (0.019)	—	-0.129 *** (0.049)	—	0.325 *** (0.114)	—	—
lnedi	0.386 *** (0.031)	0.082 *** (0.029)	0.153 ** (0.066)	0.411 *** (0.029)	1.159 *** (0.199)	1.080 *** (0.037)	0.912 *** (0.056)
lninter	—	0.452 *** (0.054)	—	-2.294 ** (1.149)	-3.606 *** (1.187)	-3.607 *** (1.032)	1.224 *** (0.125)
lnext	—						

续表

变量	整体	亚洲	非洲	欧洲	北美洲	大洋洲	拉丁美洲
Constant	−0.161 (0.835)	9.175*** (0.886)	3.780** (1.461)	−0.080 −0.080	−16.420*** (3.590)	−9.649*** (1.102)	−19.388*** (1.424)
样本量	632	199	121	151	38	38	85
Adj-R²	0.7484	0.8790	0.686	0.805	0.968	0.973	0.903
F 统计量	376.60	360.49	66.47	155.92	280.95	447.47	196.88

注: 括号内的数值为标准误, ***、**和*分别表示在1%、5%和10%的统计水平上显著。

基准回归结果表明，国内人均 GDP 和国外人均 GDP 对于中国农产品出口结构的影响均显著为正，本章研究假设 H1 得到基本验证；汇率对于中国农产品出口地区结构为显著的负效应，本章研究假设 H2 也得到了证实；外商直接投资对于中国农产品出口地区结构具有显著的正效应，说明外商直接投资对中国农产品出口结构的影响存在显著的互补效应，本章研究假设 H3 也得到进一步验证；出口抵消进口能力对于中国农产品出口地区结构具有显著的正效应，说明外循环政策对中国农产品出口地区结构具有显著的促进作用，这点与本章提出的假设 H5一致。但是需要说明的是，国外疫情的持续蔓延，致使国际贸易和投资均出现了大幅萎缩，这种外部环境的短期性恐怕很难一下子进行改变，且会持续抑制市场需求，进一步影响中国农产品出口贸易的发展。

7.3.1.2 中国农产品出口不同地区结构的回归结果分析

表 7-4 报告了中国农产品出口不同地区结构的回归估计结果。通过对亚洲、非洲、欧洲、北美洲、大洋洲和拉丁美洲六个地区农产品出口数据回归结果对比分析发现：国内人均 GDP 对中国农产品出口到北美洲、大洋洲和欧洲地区具有显著的正向作用，而对亚洲、非洲和拉丁美洲地区的影响不显著。国内人均 GDP对中国农产品出口到北美洲、大洋洲和欧洲地区的弹性系数估计值分别为 3.655、3.590 和 2.376，分别在 1%、1%和 5%的显著水平上拒绝零假设，说明国内人均GDP 每提高 1 个百分点，会使得中国农产品出口到北美洲、大洋洲和欧洲地区的

比重分别提高 3.655%、3.590% 和 2.376%，而国内人均 GDP 对农产品出口到亚洲、非洲和拉丁美洲地区的影响则不显著。出现这种结果的原因可能是因为北美洲、大洋洲和欧洲地区属于发达国家地区，中国与其之间相互需求主要集中在生活消费品，而亚洲、非洲和拉丁美洲地区属于发展中国家地区，其任务主要是发展本国生产。中国与发展中国家多处于经济复兴阶段，国家之间相近的人均国民收入表示相似的需求结构，而这种需求结构无法从对方进行获取，使得中国农产品对发展中国家的出口不显著。对于发达国家而言，其资本密集型产品占据主要地位，相对而言，劳动密集型产品则有效不足，按照要素禀赋理论，发达国家会进口劳动密集型产品，这就促使中国农产品出口到发达国家的比重上升。

国外人均 GDP 对中国农产品出口到非洲、欧洲、亚洲以及拉丁美洲地区都具有显著的正向作用，其中对出口到北美洲和大洋洲地区的影响不显著，对出口到非洲地区的影响最大。国外人均 GDP 对中国农产品出口到非洲、欧洲、亚洲以及拉丁美洲地区的弹性估计值分别为 1.512、0.747、0.701 和 0.421，除了出口到拉丁美洲地区的显著性水平在 5% 通过检验外，其他地区均在 1% 的显著性水平上拒绝零假设，说明国外人均 GDP 每提高 1 个百分点，会使得中国农产品出口到非洲、欧洲、亚洲以及拉丁美洲地区将分别增加 1.512%、0.747%、0.701% 和 0.421%。主要原因是因为中国与发展中国家具有天然的贸易密切程度以及与欧洲国家之间的贸易依存度，使得中国农产品出口更容易受到以上地区经济和消费的影响。

人民币有效汇率对拉丁美洲地区有显著的负向作用，对亚洲和非洲有不显著的正向作用，而欧洲、北美洲和大洋洲地区未能得到有效识别。人民币有效汇率使得中国农产品出口到拉丁美洲地区的弹性估计值为 -0.927，在 1% 的显著水平上拒绝零假设，说明人民币有效汇率每提高 1 个百分点，将会导致中国农产品出口到拉丁美洲地区降低 0.927%；人民币有效汇率虽然使得中国农产品出口到亚洲和非洲地区不显著，但是均保持正向作用，相比欧洲、北美洲和大洋洲地区依然具有作用，这可能是因为中国与欧洲、北美洲、大洋洲以及亚洲和非洲之间的贸易比重较大，汇率的变化会改变中国农产品出口的相对价格，并对各地区的农产品出口比重有所影响，但是并不是很明显。

外国直接投资的增加对北美洲地区有显著的正向效应，对非洲地区有显著的负向效应，对亚洲、欧洲、大洋洲和拉丁美洲的影响效应未能有效识别。其中，外国直接投资使得中国农产品出口到北美洲地区的比重影响最大，主要是因为在中国的外国直接投资中，来自美国和加拿大地区的投资多与农产品加工贸易相联系，使得外国直接投资引导出口偏向北美洲地区。由于非洲地区是世界上最落后的一个地区，经济发展不平衡，多数国家或地区经济发展处于停滞或倒退状态，特别是金融危机的波及，外资非正常撤资现象严重，不利于中国与非洲地区之间的贸易往来。

出口抵消进口能力使得中国农产品出口到六大洲的比重正向效应更显著，仅非洲地区在5%的显著性水平上通过了检验，其他地区均在1%的显著水平上拒绝了零假设。其中，出口抵消进口能力每提高 1 个百分点使得中国农产品出口到北美洲、大洋洲、拉丁美洲地区的比重分别上升 1.159%、1.080%、0.912%，使得中国农产品出口到欧洲、非洲和亚洲地区的比重分别为 0.411%、0.153% 和 0.082%，其中对北美洲和大洋洲地区的影响最大，主要是因为北美洲和大洋洲地区是中国农产品贸易相联系的传统大国。

城镇居民可支配收入水平对拉丁美洲和亚洲地区具有显著的正向影响，对欧洲、北美洲和大洋洲地区具有显著的负向影响，而对非洲地区的影响未能有效识别。其中，城镇居民可支配收入水平使得中国农产品出口到拉丁美洲地区的比重影响最大，弹性系数估计值高达 1.224，亚洲地区次之，为 0.452，而欧洲、北美洲和大洋洲地区的弹性系数估计值分别为 -2.294、-3.606、-3.607，这可能是因为中国同亚洲和拉丁美洲地区同属发展中国家，需求结构较为相似，农产品产业内贸易增加幅度较强，而欧洲、北美洲和大洋洲同属发达国家，需求结构不一样，产业间贸易占据主导，影响了中国农产品出口在其市场上的地位。

平均出口退税率对六大洲所占比重的影响未能有效识别，说明中国农产品出口到各大洲的产品结构变化不明显或者波动不显著。近年来，中国与亚洲、非洲和拉丁美洲等国家开展的农业合作项目，直接影响到中国与其之间的贸易，并间接影响到其他大洲之间的贸易往来。可见，平均出口退税率对六大洲农产品出口比重的变化具有一定的作用，但是这个有效作用多大，仍需进一步考察和验证。

7.3.2　中国农产品进口地区结构驱动因素的实证结果分析

7.3.2.1　中国农产品进口地区结构的回归结果分析

表7-5报告了中国农产品进口地区结构的回归结果，可以发现国外人均GDP、人民币有效汇率、外国直接投资、城镇居民可支配收入水平对中国农产品进口地区结构呈现显著的正向效应，而国内人均GDP、出口抵消进口能力、平均进口关税率对中国农产品进口地区结构的影响未能有效识别。其中，国外人均GDP对中国农产品进口地区结构的弹性系数估计结果为0.365，且在1%的水平上通过了显著性检验，说明贸易伙伴国的经济规模是影响中国农产品进口地区结构的重要因素，并具有显著的正向作用，验证了假设H1。人民币有效汇率对中国农产品进口地区结构的弹性系数估计结果为0.067，且在5%的水平上通过了显著性检验，说明人民有效汇率的提升会提高中国农产品从不同国家进口的需求，这与假设H2相违背。外国直接投资对中国农产品进口地区结构的弹性系数估计结果为0.130，在1%的水平上通过了显著性检验，说明外国直接投资每提高1个百分点，会使得中国从不同国家进口的农产品提升0.130%，证实了假设H3中国农产品进口地区结构与外国直接投资呈现互补关系。城镇居民可支配收入水平对中国农产品进口地区结构的影响在1%的水平上显著为正，弹性系数估计结果为1.060，说明城镇居民可支配收入水平越高，中国从不同地区进口的农产品规模越大，可以提高1.060个百分点，这进一步验证了假设H5。平均进

口关税率未能有效识别出对中国农产品进口地区结构的影响效应，说明平均进口关税对于中国农产品进口地区结构的影响具有不确定性，与假设 H4 较为一致。

表 7-5　中国农产品进口不同地区影响因素的面板数据回归结果

变量	整体	亚洲	非洲	欧洲	北美洲	大洋洲	拉丁美洲
lngdp	—	0.510*** (0.117)	1.559*** (0.183)	−5.035** (2.043)	1.119*** (0.167)	—	1.107*** (0.266)
lnpgdp	0.365*** (0.072)	0.476*** (0.112)	−0.531*** (0.160)	1.177*** (0.179)		—	0.834* (0.437)
lnrate	0.067** (0.026)	0.049* (0.028)	−0.241*** (0.049)	1.121*** (0.190)		—	0.621*** (0.126)
lnfdi	0.130*** (0.030)	−0.149*** (0.051)	0.197*** (0.058)	0.189** (0.092)	0.557** (0.215)	—	0.446*** (0.067)
lnedi	—	—	—	−0.304** (0.152)	0.431 (0.375)	0.400*** (0.061)	−1.024*** (0.128)
lninter	1.060*** (0.108)	—	—	6.834*** (2.333)	—	1.159*** (0.080)	—
lnimt	—						
Constant	7.370*** (0.797)	13.710*** (0.838)	7.879*** (1.380)	4.130 (4.837)	−5.288 (6.913)	2.346 (1.477)	29.579*** (3.193)
样本量	632	199	121	151	38	38	85
Adj-R^2	0.363	0.318	0.391	0.756	0.892	0.906	0.652
F 统计量	91.05	24.05	20.30	78.34	102.72	179.23	32.49

注：括号内的数值表示标准误，***、**和*分别表示在1%、5%和10%的统计水平上显著。

7.3.2.2　中国农产品进口不同地区结构的回归结果分析

为了进一步考察中国从不同地区进口农产品影响因素的国别差异性，本章把样本国家划分为亚洲、非洲、欧洲、北美洲、大洋洲和拉丁美洲进行考察，具体估计结果如表7-5所示。

从表7-5可知不同因素对中国从亚洲、欧洲、北美洲、大洋洲和拉丁美洲地区进口农产品的影响具有一定的差异性。估计结果表明：除了大洋洲地区无法识别外，国内人均 GDP 对中国从亚洲、非洲、北美洲、拉丁美洲地区进口农产品的影响均在 1% 的水平上通过了显著性检验，弹性系数估计结果分别为 0.510、1.559、1.119、1.107，表明国内人均 GDP 的增加对于亚洲、非洲、北美洲、拉丁美洲地区的进口份额明显上升；对中国从欧洲地区进口农产品的弹性系数估计结果为 -5.035，在 5% 的水平上通过了显著性检验，表明国内人均 GDP 的增加对于来自欧洲地区的进口农产品所占份额明显下降。这可能的原因是随着中国居民消费水平和消费结构的多元化，一方面会增加农产品附加值较高产品的需求；另一方面会加强与世界经济体贸易的往来，以寻求多元化的消费，这不会再局限于某一地区，因此使得其他地区的进口比重在不断上升。

国外人均 GDP 对中国从亚洲、欧洲和拉丁美洲地区进口农产品具有显著的正向作用，对从非洲进口农产品具有显著的负向作用，而北美洲和大洋洲地区则无法有效识别。国外人均 GDP 的增加对中国从欧洲、拉丁美洲和亚洲地区进口农产品的比重影响较为显著，弹性系数估计值分别为 1.177、0.834、0.476，分别在 1%、10%、1% 的水平上通过了显著性检验；对中国从非洲进口农产品的影响比较显著，具有明显的负向关系，这主要是因为中国的需求相对于世界需求而言不断增加，国外消费的变化会影响到中国农产品进口。

人民币有效汇率对中国从亚洲、欧洲和拉丁美洲地区进口农产品具有显著的正效应，对从非洲国家地区进口农产品具有显著的负效应，对从北美洲和大洋洲地区进口农产品的效应则无法识别。其中，人民币有效汇率对于中国从亚洲、欧洲和拉丁美洲地区进口农产品的弹性系数估计值分别为 0.049、1.121、0.621，分别在 10%、1%、1% 的水平上通过了显著性检验；对于中国从非洲地区进口农产品的弹性系数估计值为 -0.241，且在 1% 的水平上通过了显著性检验。这可能是因为中国与非洲地区的很多国家生产和消费结构相似，人民币有效汇率的升值会使得这些国家出口到中国的农产品优势增强，相反，中国从这些国家进口的比重就会变弱，而其他地区出口到中国的农产品的所占比重下降。

外国直接投资对中国从大洋洲进口农产品的影响无法有效识别；从非洲、欧洲、北美洲和拉丁美洲地区进口农产品的影响均在 5% 的水平上显著为正，说明其在中国的投资会增加其母国进口中国的农产品，这样就产生了投资促进贸易效应；从亚洲进口农产品的影响在 1% 的水平上显著为负，说明其在中国的投资会减少其母国进口中国的农产品，这样充分说明了投资与贸易之间存在的替代关系。

出口抵消进口能力对中国从亚洲和非洲进口农产品的影响效应无法识别，对从北美洲进口农产品的影响不显著为正，对从欧洲和拉丁美洲地区进口农产品的影响显著为负，对从大洋洲地区进口农产品的影响显著为正。其中，出口抵消进口能力对中国从欧洲和拉丁美洲地区进口农产品的弹性系数估计值分别为 -0.304 和 -1.024，分别在 5% 和 1% 的水平上显著，说明提高出口抵消进口能力，将会减少中国从欧洲和拉丁美洲地区进口农产品，减少份额分别为 0.304% 和 1.024%；出口抵消进口能力对中国从大洋洲地区进口农产品的弹性系数估计值为 0.400，在 1% 的水平上显著，说明提高出口抵消进口能力，将会增加中国从大洋洲地区进口农产品的比重，增加份额为 0.400%；出口抵消进口能力对中国从北美洲地区进口农产品的弹性系数估计值为 0.431，影响不显著，但依然具有一定的作用。

城镇居民可支配收入水平对中国从欧洲和大洋洲地区进口农产品具有显著的正向影响，而对中国从其他地区进口农产品的影响无法有效识别。城镇居民可支配收入水平对中国从欧洲和大洋洲地区进口农产品弹性系数估计值为 6.834 和 1.159，均在 1% 的水平上显著，说明城镇居民可支配收入水平的提高将会增加中国从欧洲和大洋洲地区进口农产品。原因可能是因为随着中国城镇居民可支配收入水平的提高，对于稀缺产品和优质产品的需求欲望强烈，而中国与多数发展中国家生产的产品相似，需求结构较为相同，产生的贸易效应有限，而欧洲和大洋洲地区高端产品丰富，受到中国消费者的青睐，会使得中国进口农产品的规模扩大。

平均进口关税率对六大洲所占比重的影响未能有效识别，说明平均进口关税对中国从六大洲进口农产品的影响不明显。由于每个国家的产品都相应或多或少设置关税，这势必会影响到贸易的发展，而对于密度小和贸易量小的农产品，在贸易中不占据优势，对中国农产品进口的影响可以忽略不计，但是要充分考虑到密度大和贸易量大的农产品，是否对中国农产品进口会产生影响，这也需进一步进行思考和考察。

7.4　本章小结

基于全部样本国家的估计结果可以得到，国内人均 GDP、国外人均 GDP、外国直接投资、出口抵消进口能力对中国农产品出口具有显著的正向作用，人民币有效汇率对中国农产品出口具有显著的负向作用，城镇居民可支配收入水平、平均出口退税率对中国农产品出口地区结构的影响无法有效识别；国外人均 GDP、人民币有效汇率、外国直接投资、城镇居民可支配收入水平对中国农产品进口地区结构呈现显著的正向效应，而国内人均 GDP、出口抵消进口能力、平均进口关税率对中国农产品进口地区结构的影响未能有效识别。

基于不同类型地区的估计结果可以得到；中国农产品贸易地区结构的驱动因素会因国别差异而产生异质性。具体表现为：国内人均 GDP 对中国农产品出口到欧洲、北美洲和拉丁美洲地区具有显著的正向作用；对中国从亚洲、非洲、北美洲和拉丁美洲地区进口农产品具有显著的正向作用，对中国从欧洲地区进口农产品具有显著的负向作用。国外人均 GDP 对中国农产品出口到亚洲、非洲、欧洲和拉丁美洲地区具有显著的正向作用；对中国从亚洲、欧洲和拉丁美洲地区进口农产品具有显著的正向作用，对中国从非洲地区进口农产品具有显著的负向作用。人民币有效汇率对中国农产品出口到拉丁美洲地区具有显著的负向作用，对亚洲和非洲具有不显著的正向作用；对中国从亚洲、欧洲和拉丁美洲地区进口农产品的影响具有显著的正向作用，对中国从非洲地区进口农产品的影响具有显著的负向作用。外国直接投资对中国农产品出口到非洲具有显著的负向作用，对中国农产品出口到北美洲地区具有显著的正向作用；对中国从亚洲进口农产品具有显著的负向作用，对中国从非洲、欧洲、北美洲和拉丁美洲地区进口农产品具有显著的正向作用。出口抵消进口能力对中国农产品出口六大洲地区均具有显著的正向作用；对中国从大洋洲地区进口农产品具有显著的正向作用，从北美洲地区进口农产品具有不显著的正向作用，从欧洲和拉丁美洲地区进口农产品具有显著的负向作用。城镇居民可支配收入水平对于中国农产品出口到亚洲和拉丁美洲地区具有显著的正向作用，对出口到欧洲、北美洲和大洋洲地区具有显著的负向作用；对中国从欧洲和大洋洲地区进口农产品的影响具有显著的正向作用。平均出口退税率和平均进口关税率对于中国农产品贸易地区结构的影响效应无法识别出来，需要进一步考察和验证。

第8章　研究结论及对策建议

8.1　研究结论

本书根据相关理论基础和实证分析结果，得出以下主要研究结论：

第一，中国农产品贸易呈现明显的阶段性变化。中国农产品贸易动态演化历程主要分为七个阶段：计划经济单一出口创汇（1949~1978年）、初步开放探索（1979~1991年）、改革开放加快（1992~2001年）、快速发展（2002~2008年）、平稳发展（2009~2013年）、深度调整（2014~2019年）、"双循环"格局的新发展（2020年至今）共七个发展阶段。中国农产品进出口规模整体呈持续扩大态势，其中进口规模扩张趋势明显，2001~2021年，农产品进口额年均增长17.6%；出口增长则明显趋弱，近20年来，年均增长9.13%；由此，中国农产品贸易形成"大进小出"的格局，自2004年后净出口规模由正转负，呈现贸易逆差持续拉大的趋势，贸易逆差额年均增长23.4%。从区域结构变化趋势来看，内部区域结构主要表现为东部省域农产品进出口贡献最大，其中广东、山东、江苏、上海、北京等省市进出口比例较大。外部洲际区域结构呈现亚洲占据进出口主导地位，但 2014 年后，中国农产品进口区域集中性由亚洲转向拉丁美洲；出口贸易区域集中度以亚洲居首位，北美洲次之，但在 2017 年中国农产品出口第二大洲由北美洲向拉丁美洲发生位移。

第二，全球农产品贸易网络联系程度加强，空间格局明显从整体特征来看，全球农产品贸易网络的连通性和互惠性不断增强；网络中心势较高，波动幅度小，存在去中心化趋势。从空间分布来看，全球农产品贸易网络空间呈现整合—分化—重组的演变特征，其中 2019 年社团分化突出。从行动者特征来看，出入度核心大国稳中有变；出入强度大国地位相对固定，排名存在波动；核心贸易国中介地位整体下滑，出口国中心地位竞争激烈。中国在全球农产品贸易网络中的重要性有所提升，出口参与度优于进口参与度，但并非贸易网络的核心，贸易量与影响力并不匹配，这也说明农产品进口来源集中，不利于中国掌握进口贸易的主动权。进一步对中国参与全球农产品贸易网络的影响因素进行 QAP 分析，结果表明，经济发展水平差异、地理文化差异、政治制度差异等是影响粮食国际贸易网络的主要因素，人口数量差异、农业资源禀赋差异、可持续发展指标差异对农产品贸易网络的影响作用不明显。

第三，将时间阶段划分为四个时期：2002～2008 年、2008～2013 年、2013～2018 年、2018～2020 年。利用修正的 CMS 模型，按照不同阶段双向分解了中国农产品进出口变动的影响因素。从总体来看，中国农产品进出口在贸易发展的不同阶段，贸易规模、贸易结构以及贸易竞争力对中国农产品出口和进口变动的作用方式和作用方向程度大不相同。从中国农产品出口的影响因素看，除了 2003～2018 年这一时期出口竞争力效应占主导因素外，其他时期出口结构效应是影响中国农产品出口的主要决定性因素，尤其是出口结构效应中的市场结构效应所占比重较高，均在 40% 以上；需求规模效应在 2002～2008 年、2018～2020 年这两个时期是影响中国农产品出口的次要决定性因素；而出口竞争力效应仅在 2008～

2013 年这一时期处于次要决定性因素。从中国农产品进口的影响因素看，进口竞争力效应一直是影响中国农产品进口变动的主要决定性因素；供给规模效应除了 2018~2020 年这一时期外，其他时期均处于影响中国农产品出口的次要决定性因素，而进口结构效应也是影响中国农产品进口变动的重要因素。

第四，中国农产品贸易地区结构的驱动因素会因国别差异而产生异质性。具体表现为：国内人均 GDP 对中国农产品出口到欧洲、北美洲和拉丁美洲地区具有显著的正向作用；对中国从亚洲、非洲、北美洲和拉丁美洲地区进口农产品具有显著的正向作用，对中国从欧洲地区进口农产品具有显著的负向作用。国外人均 GDP 对中国农产品出口到亚洲、非洲、欧洲和拉丁美洲地区具有显著的正向作用；对中国从亚洲、欧洲和拉丁美洲地区进口农产品具有显著的正向作用，对中国从非洲地区进口农产品具有显著的负向作用。人民币有效汇率对中国农产品出口到拉丁美洲地区具有显著的负向作用，对亚洲和非洲具有不显著的正向作用；对中国从亚洲、欧洲和拉丁美洲地区进口农产品的影响具有显著的正向作用，对中国从非洲地区进口农产品的影响具有显著的负向作用。外国直接投资对中国农产品出口到非洲具有显著的负向作用，对中国农产品出口到北美洲地区具有显著的正向作用；对中国从亚洲进口农产品具有显著的负向作用，对中国从非洲、欧洲、北美洲和拉丁美洲地区进口农产品具有显著的正向作用。出口抵消进口能力对中国农产品出口六大洲地区均具有显著的正向作用；对中国从大洋洲地区进口农产品具有显著的正向作用，对从北美洲地区进口农产品具有不显著的正向作用，对从欧洲和拉丁美洲地区进口农产品具有显著的负向作用。城镇居民可支配收入水平对中国农产品出口到亚洲和拉丁美洲地区具有显著的正向作用，对出口到欧洲、北美洲和大洋洲地区具有显著的负向作用；对中国从欧洲和大洋洲地区进口农产品的影响具有显著的正向作用。平均出口退税率和平均进口关税率对中国农产品贸易地区结构的影响效应无法识别出来，需要进一步考察和验证。

8.2 对策建议

国际经贸环境形势严峻，防范口粮安全风险不容小觑。立足于"双循环"经济战略，根据新时代发展由要素驱动转向创新驱动，"高碳增长"转向"绿色发展"，加固粮食安全根基，以满足国内需求为出发点，发挥中国农产品贸易"保驾护航"作用，推进中国农产品贸易高质量发展，需要从以下几个方面探寻突破口：

8.2.1 以高水平对外开放赋能中国农产品贸易高质量发展

高水平对外开放是我国对外贸易发展的长效途径。通过高水平对外开放以畅通当前阶段国内国际循环、提升国际农产品市场的竞争力。坚持对外开放，一是可以吸收国际资源要素，在补充国内短缺的基础上助推国内农产品供给能力。二是以大国优势构建开放包容的国际农产品贸易体系，巩固中国农产品进出口的国际市场，保持长久性和稳定性。三是以借助中国的大国之力联合其他农业强国、农产品贸易大国，构建开放、和谐、包容的区域经济体，逐步推动新一轮经济全球化复苏。四是优化外商投资环境，以完备的涉外贸易法律体系为支撑，鼓励地方根据自身的农业产业优势高水平引进外资，对标国际生产和贸易大国引进先进的农业技术，结合农业产业链发展情况调整农产品贸易链布局结构，带动农产品对外贸易发展水平。

8.2.2 推进以"一带一路"倡议为契机的农产品贸易往来

基于近 10 年的"一带一路"建设基础，进一步从纵深层面推进沿线国家农产品贸易往来。通过自贸试验区接轨国际贸易规则，加固中国与"一带一路"

中心节点国家的制度基础，充分发挥中欧班列、中巴经济走廊等基础设施的便利化，强化相关国家之间的农产品贸易标准互认，以跨境电商等新业态、新模式，加速农产品贸易发展动力。加大"一带一路"核心区的开放力度，通过顶层政治外交升级"城市—国家"农产品贸易，尤其是鼓励延边地区积极拓展境外市场，加强与周边国家的农业经贸合作，将当地特色优势农产品销往邻边国家，站稳市场同时不断开发新市场，进而增强国内东、中、西部城市农产品贸易出口增长的辐射带动作用。

8.2.3　构建以创新为核心的农产品贸易增长新动能体系

中国农产品贸易发展增长疲软，传统的禀赋要素拉动作用趋弱，构建中国农产品贸易增长新动能体系是当下的重点任务。结合国际竞争优势理论，原有的劳动力、土地等基础要素对农产品贸易增长的拉动作用减弱，新时期取而代之的是创新驱动战略下的"技术—业态—制度"三个创新要素，构成了外贸新动能体系的核心要素。首先，推进农业技术创新。结合中国的农业生产的现实情况，构建"高投入和高产出、低成本和低污染"的农业技术体系。生产是贸易的基础，中国主要农产品生产成本高、技术含量低，需要选择适合的农业技术类型。一是生产技术创新决定着农产品的产量的多少和质量的高低，根据中国农业生产布局范围，不同地区应该根据农业资源的相对稀缺性选择土地节约型农业生物技术进步模式、劳动力节约型农业机械科技进步模式。二是提高产后技术创新的水平，农产品由田间地头到消费者的保鲜、流通和精深加工环节，延长产业链条，突破农产品贸易低端价值链，向全球高端价值链迈进。其次，贸易新业态、新模式的创新是农产品贸易新动能之一，借助现代信息技术等强大的数字经济红利，通过跨境电子商务等全球消费者购物的重要渠道，深化数字化跨境电商产业示范园建设，促进贸易自由化、便利化，满足消费者个性化、多样化需求，降低贸易成本。最后，通过政策制度创新驱动农产品贸易释放潜能，重点依托自贸试验区、跨境电商综试区等以制度改革为核心的园区建设，不断构建并完善新业态、新模式下的贸易新规则、新制度，为新时期农产品贸易发展注入新动能。

8.2.4 优化农产品贸易国际市场结构

根据中国农产品（出口）进口不同地区结构的实证结果，存在影响因素的国别差异。应该从以下五个方面着手，对不同的地区（国家）选择不同的侧重力度，以推进国际市场多元化及平稳性发展。

一是新发展格局下仍要多措并举大力提升我国经济社会发展水平，尤其要加快欠发达地区经济社会发展水平，以使本国全体消费者的农产品需求偏好与需求结构得到有效升级，进而通过本地农产品高品质需求诱使农产品质量持续提升，进而为扩大我国农产品出口做好坚实基础；且本国居民高品质需求也会有助于优化农产品进口结构，促使我国倾向于进口惠及我国消费者且自身又不具有比较优势的农产品，为此在城镇居民收入水平提升之际，要积极进口与我国农产品不存在较大冲突的高质量农产品，以满足居民的高品质生活，提高居民健康水平；同时继续与更多国外经济发展水平较高的国家或地区建立更加紧密的经贸合作关系，以加快我国农产品出口步伐。二是继续推进人民币汇率形成机制改革，提升人民币在区域经济合作中的结算比例且扩大人民币跨境结算的区域与业务范围。新发展格局下，强化人民币汇率形成机制的改革力度，在人民币汇率形成机制中适时地减少篮子货币比重，及时释放人民币贬值压力，形成健康的人民币浮动汇率机制，消除人民币有效汇率对中国农产品出口的负面影响；并积极依托"一带一路"倡议与区域全面经济伙伴关系协定的良好契机，努力将人民币作为沿线国家贸易结算的主要货币，提高农产品贸易人民币结算的比重，为实现我国农产品的顺利出口奠定坚实基础。三是创造优质的外商投资环境。不遗余力地优化外商投资环境以缓解劳动力成本上升、反复出现的疫情、经济结构转型等因素给外资企业带来的负面冲击，将优质的外资企业留在国内市场，避免外资企业大规模迁移到越南、印度、新加坡等劳动力成本较低或投资环境优越的地区；同时也要设计更加优惠的外资进驻政策与良好的外商投资环境吸引更多优秀的外资企业迁移到我国开展生产经营业务，进而通过外资企业的正外部效应促使母国与我国之间贸易关系得以深化，从而促使我国农产品出口规模稳步提升。四是在积极构建内循环经济体系的过程中要全力疏通外循环梗阻，以进一步强化我国出口抵消进口能力，改善农产品贸易条件，进而为我国农产品出口贸易提供有效驱动力。五是优化农产品关税政策，以凸显关税对我国农产品贸易结构的积极引导作用。通过放宽我国农产品出口限制、大幅调低出口关税且加大农产品出口退税力度等手段加快我国农产品的出口，并积极与贸易伙伴建立起更加紧密的贸易关系，促成区域经贸合作组织农产品零关税协议签订。同时对于品质高且我国不具有比较优势的农产品，提高其进口配额并降低其进口关税税率；对于品质低且与我国农产品存在竞争的农产品，降低其进口配额并提高其进口关税税率，以实现对我国农产品进口结构的优化。

8.2.5　利用国内国际市场及资源提升农产品贸易市场控制力

优化中国农产品市场结构的基础上，进一步把控进出口市场的稳定性，以降低国际环境不确定性风险。首先，以国内农产品生产为根本依托，根据饮食结构调整，如高营养、低脂和有机食品等饮食特征，重塑中国农业生产布局，在生产环节提升农产品质量，在地域特色农产品上下功夫，夯实农产品贸易高质量发展的根基，提升中国高增加值的农产品国际市场竞争力。其次，运用中国超大规模的市场需求潜力，建立长期、稳定、互惠共赢的贸易伙伴市场，由于国内人均农业自然资源短缺，供需结构不平衡，必然对国际市场需求增加，消费结构升级后居民对营养健康食品的需求旺盛，中国需要科学合理的凝聚世界各国的农产品供应能力，以满足高质量农产品需求。重点关注美国、东盟、东南亚等主要贸易伙伴联系，增强对粮食、棉花、食用油等主要生产国的市场控制力。最后，国际市场需求萎缩、竞争压力加大，深化巩固原有的出口市场，借助上海合作组织、"一带一路"倡议、RCEP 协定等积极推进区域经贸合作的同时，通过签订优惠和便利政策打造命运共同体，优化稳固农产品出口市场格局。

8.2.6　开拓我国国际农产品贸易规则制定话语权

积极参与并主张我国主导的国际贸易体系和贸易投资规则制定，要推进建设与国际经贸体系和贸易投资规则相衔接的制度体系，在开放中取得更大的匹配度和主动权。首先，中国作为农产品贸易大国，在国际市场的影响力逐步加强，但是受单边保护主义、贸易摩擦等的影响明显，未来应该积极参与国际农产品贸易规则、农业标准的制定，以及动植物疫病防控、生物安全、生物质能源、气候变化等方面的国际谈判与协作，争取更大的国际规则和国际市场话语权。使得国内政策制定与国际规则接轨，规避农产品贸易壁垒并提升国际市场竞争力。同时，从反对贸易保护和国内支持措施、增加市场准入规则等角度，调整农产品贸易逆差持续扩大的局势，通过建立更加公平合理的国际贸易规则，反对粮食武器化、工具化及能源化，积极争取对我国有利的贸易环境。

参考文献

［1］习近平．在经济社会领域专家座谈会上的讲话［N］．人民日报，2020-08-24．

［2］卞靖．国际重要农产品贸易格局变化及应对思路研究［J］．宏观经济研究，2019（04）：116-129．

［3］佟光霁，周伦政．双循环背景下我国粮食安全：现状、挑战及保障路径［J］．学术交流，2021（01）：97-108．

［4］朱晶，臧星月，李天祥．新发展格局下中国粮食安全风险及其防范［J］．中国农村经济，2021（09）：2-21．

［5］翟允瑞．双循环背景下中俄农产品贸易的现状、风险及对策［J］．对外经贸实务，2021（10）：61-65．

［6］梁远，毕文泰．新发展格局下的我国农产品贸易与发展：现实困境和纾解路径［J］．河南工业大学学报（社会科学版），2022，38（01）：12-18．

［7］李殿云．双循环新发展格局下安徽省农产品贸易高质量发展研究［J］．中国农业资源与区划，2022，43（04）：66-74．

［8］王俊．国际规则协同与农产品贸易逆差：兼论"双循环"新发展格局下的农业安全［J］．南京师大学报（社会科学版），2022（01）：101-111．

［9］ Serrano, Boguñá. Topology of the World Trade Web ［J］. Physical Review. E, Statistical, Nonlinear, and Soft Matter Physics, 2003, 68 (1 Pt 2).

［10］ Diego, Maria. Structure and Evolution of the World Trade Network ［J］. Physica A: Statistical Mechanics and Its Applications, 2005, 355 (01): 138-144.

［11］ M Marián, Alessandro. Patterns of Dominant Flows in the World Trade Web ［J］. Journal of Economic Interaction and Coordination, 2007, 2 (02): 75-83.

［12］ Bhattacharya K, Mukherjee G, Saramaki J, et al. The International Trade Network: Weighted Network Analysis and Modelling ［J］. Journal of Statistical Mechanics: Theory and Experiment, 2008 (02): 139-147.

［13］ Snyder D, Kick E L. Structural Position in the World System and Economic Growth, 1955-1970: A Multiple-Network Analysis of Transnational Interactions ［J］. American Journal of Sociology, 1979, 84 (05): 1096-1126.

［14］ Allen. Bilateral Trade and 'Small-World' Networks ［J］. Computational Economics, 2001, 18 (01): 49-64.

［15］ G. Complexity and Synchronization of the World Trade Web ［J］. Physica a-Statistical Mechanics & Its Applications, 2003, 1 (328): 287-296.

［16］ Squartini T. Randomizing World Trade. II. A Weighted Network Analysis ［J］. Physical Review E, 2011, 4 (84): 46-118.

［17］ Giorgio, Javier, Stefano. On the Topological Properties of the World Trade Web: A Weighted Network Analysis ［J］. Physica A: Statistical Mechanics and Its Applications, 2008, 387 (15): 3868-3873.

［18］ Fagiolo, Reyes, Schiavo. World-trade Web: Topological Properties, Dynamics, and Evolution ［J］. Physical Review E, 2009, 79 (03): 125-169.

［19］ Giorgio, Javier, Stefano. The Evolution of the World Trade Web: A Weighted-network Analysis ［J］. Journal of Evolutionary Economics, 2010, 20

（04）：479-514.

［20］刘宝全，段文奇，季建华.权重国际贸易网络的结构分析［J］.上海交通大学学报，2007（12）：1959-1963.

［21］段文奇，刘宝全，季建华.国际贸易网络拓扑结构的演化［J］.系统工程理论与实践，2008（10）：71-75.

［22］赵国钦，万方.世界贸易网络演化及其解释——基于网络分析方法［J］.宏观经济研究，2016（04）：151-159.

［23］Freddy Cepeda-López, et al. The Evolution of World Trade from 1995 to 2014: A Network Approach［J］. Borradores De Economia, 2017, 28（02）：1-39.

［24］刘志高，王涛，陈伟.中国崛起与世界贸易网络演化：1980~2018年［J］.地理科学进展，2019, 38（10）：1596-1606.

［25］Zhang Q. A Social Network Analysis of the Structure and Evolution of Intra-African Trade［J］. African Development Review, 2021（33）：204-217.

［26］Chen S. The Trade Network Structure of the "One Belt and One Road" and Its Environmental Effects［J］. Sustainability, 2020（12）：3519.

［27］陈银飞.2000~2009年世界贸易格局的社会网络分析［J］.国际贸易问题，2011（11）：31-42.

［28］Reyes J. Using Complex Networks Analysis to Assess the Evolution of International Economic Integration: The Cases of East Asia and Latin America［J］. The Journal of International Trade & Economic Development, 2010, 2（19）：215-239.

［29］León. International Trade Networks and the Integration of Colombia into Global Trade［J］. Bis Papers Chapters, 2018（100）：105-123.

［30］马述忠，任婉婉，吴国杰.一国农产品贸易网络特征及其对全球价值链分工的影响——基于社会网络分析视角［J］.管理世界，2016（03）：60-72.

［31］高明宇，李婧.中国贸易网络特征与人民币国际化：典型事实、关联

机制与实证检验［J］．南方金融，2022（06）：3-16.

［32］孙浦阳，刘伊黎，蒋殿春．企业贸易网络中的对外直接投资决策同群效应分析［J］．世界经济，2022，45（10）：58-83.

［33］Garlaschelli D，Loffredo M I. Patterns of Link Reciprocity in Directed Networks［J］．Physical Review Letters，2004，6（93）：1-4.

［34］Garlaschelli D，Loffredo M I. Structure and Evolution of the World Trade Network［J］．Physica A Statistical Mechanics & Its Applications，2005，1（335）：138-144.

［35］Almog A. The Double Role of GDP in Shaping the Structure of the International Trade Network［J］．International Journal of Computational Economics and Econometrics，2017，4（07）：381-398.

［36］Baskaran T，Blöchl F，Brück T，Fabian J. The Heckscher-Ohlin Model and the Network Structure of International Trade［J］．International Review of Economics & Finance Physicaa，2011，8（34）：135-145.

［37］Ruzzenenti F，Picciolo F，Garlaschelli D，Basosi R. Space Filling in the World Trade Web：Measures and Null Models［J］．Phys Rev E，2012，6（86）：1-13.

［38］Benedictis L D，Nenci S，Santoni G，Tajoli L，Vicarelli C. Work Analysis of World Trade Using the BACI-CEPII Dataset［J］．Global Economy Journal，2013（24）：1-54.

［39］Antunes C. Trade Networks and Migration，Early Modern Europe［M］．London：Blackwell Publishing Ltd.，2013.

［40］H. Assimilation and Trade between the Middle East，Europe，and North America［J］．Review of Middle East Economics & Finance，2010，2（06）：74-92.

［41］吴钢．人文关系网络对国际贸易网络的影响机制及效应研究［D］．

长沙：湖南大学，2014.

［42］蒙英华，黄建忠．信息成本与国际贸易：亚洲华商网络与ICT对中国对外贸易影响的面板数据分析［J］．南开经济研究，2008（01）：87-95.

［43］赵永亮．移民网络与贸易创造效应［J］．世界经济研究，2012（05）：57-64.

［44］王云飞，杨希燕．社会网络促进我国对外贸易了吗？——基于移民网络视角的检验［J］．世界经济研究，2015（10）：101-109.

［45］Kali R. Financial Contagion on the International Trade Network［J］. Economic Inquiry，2010，4（48）：1072-1101.

［46］冯小兵，胡海波，汪小帆．金融危机对贸易网拓扑结构影响的动态研究［J］．复杂系统与复杂性科学，2011，8（01）：1-8.

［47］Zhu Z. The Rise of China in the International Trade Network：A Community Core Detection Approach［J］. PLOS ONE，2014，8（09）：e10549.

［48］张勤，李海勇．入世以来我国在国际贸易中角色地位变化的实证研究——以社会网络分析为方法［J］．财经研究，2012，38（10）：79-89.

［49］易小准，李晓，盛斌等．俄乌冲突对国际经贸格局的影响［J］．国际经济评论，2022（03）：9-37.

［50］Smith D A. Structure and Dynamics of the Global Economy：Network Analysis of International Trade 1965-1980［J］. Social Forces，1992，4（70）：857-893.

［51］杨文龙，杜德斌，马亚华等．"一带一路"沿线国家贸易网络空间结构与邻近性［J］．地理研究，2018，37（11）：2218-2235.

［52］王祥，强文丽，牛叔文等．全球农产品贸易网络及其演化分析［J］．自然资源学报，2018，33（06）：940-953.

［53］崔莉．"一带一路"沿线国家农产品贸易格局分析［J］．统计与决策，2017（16）：152-156.

［54］詹淼华.“一带一路”沿线国家农产品贸易的竞争性与互补性——基于社会网络分析方法［J］.农业经济问题，2018（02）：103-114.

［55］魏素豪.中国与“一带一路”国家农产品贸易：网络结构、关联特征与策略选择［J］.农业经济问题，2018（11）：101-113.

［56］王璐，刘曙光，段佩利等.丝绸之路经济带沿线国家农产品贸易网络结构特征［J］.经济地理，2019，39（09）：198-206.

［57］张莲燕，朱再清.“一带一路”沿线国家农产品贸易整体网络结构及其影响因素［J］.中国农业大学学报，2019，24（12）：177-189.

［58］苏昕，张辉.中国与“一带一路”沿线国家农产品贸易网络结构与合作态势［J］.改革，2019（07）：96-110.

［59］和聪贤，李秀香.世界粮食贸易网络结构特征与中国地位变迁研究［J］.世界农业，2021（05）：64-78.

［60］聂常乐，姜海宁，段健.21世纪以来全球粮食贸易网络空间格局演化［J］.经济地理，2021，41（07）：119-127.

［61］陈艺文，李二玲.“一带一路”国家粮食贸易网络空间格局及其演化机制［J］.地理科学进展，2019，38（10）：1643-1654.

［62］韩冬，李光泗.中国与“一带一路”沿线国家粮食贸易格局演变与影响机制——基于社会网络学视角［J］.农业经济问题，2020（08）：24-40.

［63］颜志军，吴孟其，董超.小麦国际贸易关系的演化：1988-2014［J］.商业研究，2016（06）：103-108.

［64］周墨竹，王介勇.基于复杂网络的全球稻米贸易格局演化及其启示［J］.自然资源学报，2020，35（05）：1055-1067.

［65］杨焕璐，贺妍婷，张超群.国际大豆进口贸易的社会网络分析［J］.现代管理科学，2019（11）：24-26.

［66］卢昱嘉，陈秧分，韩一军.全球大豆贸易网络演化特征与政策启示

［J］．农业现代化研究，2019，40（04）：674-682.

［67］和聪贤．世界大豆贸易网络格局演变及影响机制研究［J］．世界农业，2022（08）：27-40.

［68］李天祥，刘星宇，王容博等．2000～2019年全球猪肉贸易格局演变及其对中国的启示——基于复杂贸易网络分析视角［J］．自然资源学报，2021，36（06）：1557-1572.

［69］苏珊珊，霍学喜．全球苹果贸易网络结构特征及中国地位变迁分析［J］．农业经济问题，2020（06）：99-109.

［70］奎国秀，祁春节．基于社会网络分析的世界柑橘贸易格局演化研究［J］．世界农业，2022（06）：18-30.

［71］乔长涛，付宏，陶珍生等．资源禀赋、结构差异与农产品贸易［J］．中国农村经济，2019（04）：111-129.

［72］韩冬，李光泗，钟钰．"一带一路"沿线国家粮食贸易网络核心结构演变及中国的粮食政策响应［J］．农村经济，2021（05）：11-21.

［73］王晓卓．全球棉花贸易网络地位提升的影响因素分析［J］．世界农业，2022（12）：10-23.

［74］耿伟．要素市场扭曲、贸易广度与贸易质量——基于中国各省细分出口贸易数据的实证分析［J］．国际贸易问题，2014（10）：14-22.

［75］周佰成，曹启．世界贸易格局的变迁：从多边强式竞争到联盟弱式垄断［J］．求是学刊，2020，47（04）：1-10.

［76］Puma M J. Resilience of the Global Food System［J］．Nature Sustainability，2019，4（2）：260-261.

［77］封志明，赵霞，杨艳昭．近50年全球粮食贸易的时空格局与地域差异［J］．资源科学，2010，32（01）：2-10.

［78］朱晶，陈晓艳．中印农产品贸易互补性及贸易潜力分析［J］．国际贸

易问题，2006（01）：40-46.

[79] 孙致陆，李先德．经济全球化背景下中国与印度农产品贸易发展研究——基于贸易互补性、竞争性和增长潜力的实证分析 [J]．国际贸易问题，2013（12）：68-78.

[80] 何敏，张宁宁，黄泽群．中国与"一带一路"国家农产品贸易竞争性和互补性分析 [J]．农业经济问题，2016，37（11）：51-60.

[81] 别诗杰，祁春节．中国与"一带一路"国家农产品贸易的竞争性与互补性研究 [J]．中国农业资源与区划，2019，40（11）：166-173.

[82] 谢逢洁，刘馨懋，孙剑等．"一带一路"沿线国家分类农产品贸易竞争与互补关系分析 [J]．统计与决策，2021，37（12）：112-116.

[83] 荣静，杨川．中国与东盟农产品贸易竞争和贸易互补实证分析 [J]．国际贸易问题，2006（08）：45-49.

[84] 刘宏，罗峦．中澳农产品贸易互补性与竞争性分析 [J]．黑龙江对外经贸，2011（03）：16-19.

[85] 佟光霁，祁海佳．中澳农产品贸易的竞争与互补——基于两国贸易的特征、趋势及结构的分析 [J]．商业研究，2022（01）：56-66.

[86] 林清泉，郑义，余建辉．中国与 RCEP 其他成员国农产品贸易的竞争性和互补性研究 [J]．亚太经济，2021（01）：75-81.

[87] 屈小博，霍学喜．我国农产品出口结构与竞争力的实证分析 [J]．国际贸易问题，2007（03）：9-15.

[88] 毛凤霞，冯宗宪．新贸易格局下我国农产品竞争力研究 [J]．国际贸易问题，2007（06）：45-49.

[89] 张雨晨．我国农产品国际贸易现状、问题及发展策略研究 [J]．法制与经济（中旬刊），2013（08）：84-85.

[90] 何婧华．我国农产品国际贸易失衡态势及发展策略研究 [J]．农业经

济，2020（01）：134-135.

［91］胡冰川."十四五"农业国际合作若干重大问题前瞻［J］.农业经济问题，2020（10）：103-112.

［92］黄季焜，马恒运.中国主要农产品生产成本的国际比较和差别［J］.战略与管理，2000（06）：86-95.

［93］黄季焜，解伟，盛誉等.全球农业发展趋势及2050年中国农业发展展望［J］.中国工程科学，2022，24（01）：29-37.

［94］程国强.中国农业对外开放：影响、启示与战略选择［J］.中国农村经济，2012（03）：4-13.

［95］杨军，董婉璐.中国农产品贸易变化新特征及其政策启示［J］.经济与管理，2019，33（05）：36-41.

［96］杨柳.中国农产品贸易结构特征与优化路径［J］.统计与决策，2019，35（24）：119-123.

［97］陈恭军，田维明.亚洲农产品贸易格局的长期变化趋势分析及其对中国的启示［J］.国际贸易，2012（06）：18-22.

［98］宗会明，郑丽丽."一带一路"背景下中国与东南亚国家贸易格局分析［J］.经济地理，2017，37（08）：1-9.

［99］赵蕾，王国梁，吴樱等."一带一路"背景下中国在南亚的贸易格局分析［J］.世界地理研究，2019，28（05）：44-53.

［100］孙东升，苏静萱，李宁辉等.中美贸易摩擦对中美农产品贸易结构的影响研究［J］.农业经济问题，2021（01）：95-106.

［101］Bergstrand. The Generalized Gravity Equation, Monopolistic Competition and the Factor Proportions Theory in International Trade［J］. The Review of Economics Statistics, 1989, 71（01）：143-153.

［102］Brada. Economic Integration among Developed, Developing and Centrally

Planned Economics: A Comparative Analysis [J]. The Review of Economics and Statistics, 1985, 67 (04): 549-556.

[103] 曹宏成. 中国出口贸易流量研究——基于引力模型的实证 [J]. 工业技术经济, 2007 (01): 120-122.

[104] 姜书竹, 张旭昆. 东盟贸易效应的引力模型 [J]. 数量经济技术经济研究, 2003 (10): 53-57.

[105] 单文婷, 杨捷. 引力模型在中国与东盟贸易中的实证分析 [J]. 亚太经济, 2006 (06): 16-19.

[106] Katrakilidis K. Intra-industry Trade in Agricultural Products on intra-EC Level: The Impact of the Common Agricultural Policy (CAP) Funds [J]. Agricultural Economics Review, 2010, 2 (11): 5-17.

[107] Wang J. Intra-Industry Trade in Agricultural Products: The Case of China [J]. Technical University of Lisbon Working Paper, 2010, 4 (01): 1-14.

[108] 刘雪娇. 中国与金砖国家农产品产业内贸易及影响因素 [J]. 国际贸易问题, 2013 (12): 87-95.

[109] 耿仲钟, 肖海峰. 新时期中国与南亚农产品产业内贸易水平研究 [J]. 对外经贸, 2016 (05): 4-8.

[110] 齐晓辉, 刘亿. 中国与中亚五国农产品产业内贸易及影响因素——基于2004~2013年面板数据分析 [J]. 国际商务 (对外经济贸易大学学报), 2016 (01): 50-59.

[111] 恩和, 苏日古嘎. 中国与东北亚其他国家农产品产业内贸易及影响因素分析 [J]. 价格月刊, 2018 (05): 46-51.

[112] 李珊珊, 刘泽琦, 彭珈祺等. 我国与东盟国家农产品贸易影响因素及潜力分析 [J]. 南方农业学报, 2020, 51 (04): 968-974.

[113] 李豫新, 王昱心. 中国与"一带一路"沿线国家农产品产业内贸易

影响因素实证分析 [J]．价格月刊，2021（02）：21-29.

[114] 孙致陆，李先德，李思经．中国与"一带一路"沿线国家农产品产业内贸易及其影响因素研究 [J]．华中农业大学学报（社会科学版），2021（01）：57-68.

[115] 王瑞，王丽萍．我国农产品贸易流量现状与影响因素：基于引力模型的实证研究 [J]．国际贸易问题，2012（04）：39-48.

[116] 王元彬，郑学党．中韩农产品贸易增长特质及影响因素研究 [J]．国际贸易问题，2014（10）：88-98.

[117] 刘春鹏，肖海峰．中国与中东欧 16 国农产品贸易增长成因研究——基于 CMS 模型的实证分析 [J]．农业技术经济，2018（09）：135-144.

[118] 郭延景，肖海峰．"一带一路"背景下中国与上合组织成员国农产品贸易波动影响因素分析 [J]．新疆大学学报（哲学·人文社会科学版），2021，49（01）：48-57.

[119] 赵雨霖，林光华．中国与东盟 10 国双边农产品贸易流量与贸易潜力的分析——基于贸易引力模型的研究 [J]．国际贸易问题，2008（12）：69-77.

[120] 姚辉斌，彭新宇．"一带一路"沿线国家制度环境对中国农产品出口贸易的影响研究 [J]．农业技术经济，2021（04）：17-29.

[121] Cheptea. Trade Liberalization and Institutional Reforms [J]. Economics of Transition，2007，2（15）：211-255.

[122] 崔鑫生，连洁，李芳．贸易便利化对中国省级层面农产品贸易的影响——基于中国省域贸易便利化调查数据的分析 [J]．中国农村经济，2019（06）：94-112.

[123] 原瑞玲，田志宏．中国—东盟自贸区农产品贸易效应的实证研究 [J]．国际经贸探索，2014，30（04）：65-74.

[124] 房悦，范舟，李先德．贸易便利化对全球农产品贸易的影响及其对中

国的启示［J］. 农业经济问题，2022（06）：122-133.

　　［125］曾华盛，谭砚文. 自由贸易区建立的农产品贸易及福利效应：理论与来自中国的证据［J］. 中国农村经济，2021（02）：122-144.

　　［126］丁一兵，冯子璇. 中国同 RCEP 其他成员国农产品贸易演化趋势分析及影响因素研究［J］. 东北师大学报（哲学社会科学版），2022（05）：112-126.

　　［127］钱静斐，孙致陆，陈秧分，张玉梅. 区域全面伙伴关系协定（RCEP）实施对中国农业影响的量化模拟及政策启示［J］. 农业技术经济，2022（09）：33-45.

　　［128］陈耸，向洪金. RCEP 对全球农产品贸易、生产与福利的影响——基于可计算局部均衡模型的研究［J］. 国际商务研究，2022，43（03）：30-39.

　　［129］孙林. 中国农产品贸易流量及潜力测算——基于引力模型的实证分析［J］. 经济学家，2008（06）：70-76.

　　［130］李岳云，吴滢滢，赵明. 入世5周年对我国农产品贸易的回顾及国际竞争力变化的研究［J］. 国际贸易问题，2007（08）：67-72.

　　［131］高道明，田志宏. 中国农产品出口增长的影响因素研究：1995-2013［J］. 经济问题探索，2015（01）：167-172.

　　［132］Jin Z. A Comparative Study on the Factors that Affect Exports of Chinese Agricultural Products to Japan and South Korea［Z］. Research，2016.

　　［133］丁世豪，何树全. 中国对中亚五国农产品出口效率及影响因素分析［J］. 国际商务（对外经济贸易大学学报），2019（05）：13-24.

　　［134］李睿楠，谭坤，杨逢珉. 中国对"金砖+"国家农产品出口的影响因素研究［J］. 世界农业，2018（12）：59-67.

　　［135］张国梅，宗义湘. 中国对其他金砖国家农产品出口贸易的影响因素分析［J］. 统计与决策，2019，35（07）：149-153.

　　［136］Sun H Q，Zhong Qr，Yang L. Analysis of Influencing Factors of China's

Agricultural Products Exports to SCO Based on CMS Model ［Z］. 2021.

［137］魏巍，于子超. 中国对中亚五国农产品出口波动的影响因素研究——基于 CMS 模型的实证分析［J］. 东北亚经济研究，2021，5（03）：96-108.

［138］房悦，李先德. 中国从中亚进口农产品的贸易边际及其影响因素研究［J］. 华中农业大学学报（社会科学版），2023（01）：71-81.

［139］徐芬. 我国农产品进口贸易结构分析——基于贸易增长的三元分解［J］. 中国流通经济，2020，34（06）：96-104.

［140］曹芳芳，孙致陆，李先德. 中国进口拉丁美洲农产品的影响因素分析及贸易效率测算——基于时变随机前沿引力模型的实证分析［J］. 世界农业，2021（04）：13-22.

［141］周勇，谭恒鑫，张腾元等. 贸易政策不确定性对中国企业农产品进口影响研究［J］. 宏观经济研究，2021（08）：59-70.

［142］Mwangi，Esther N. Determinants of Agricultural Imports in Sub-Saharan Africa：A Gravity Model ［J］. African Journal of Economic Review，2021，2（09）：271-287.

［143］Uzunoz M. Factors Affecting the Import Demand of Wheat in Turkey ［J］. Bulgarian Journal of Agricultural Science，2009，1（15）：60-66.

［144］余鲁，范秀荣. 基于 CMS 模型的中国畜产品出口波动影响因素分析［J］. 农业经济问题，2008（10）：79-83.

［145］王新华，周聪. 中国粮食出口影响因素实证研究［J］. 广东农业科学，2014，41（07）：204-207.

［146］王锐. 我国粮食进口增长特征及影响因素分析——2003 至 2014 年的实证研究［J］. 经济问题探索，2015（06）：25-30.

［147］Adhikari A. Export of Rice from India：Performance and Determinants ［J］. Agricultural Economics Research Review，2016，1（29）：135-150.

［148］Bui T. An Analysis of Factors Influencing Rice Export in Vietnam Based on Gravity Model ［J］. Journal of the Knowledge Economy, 2017, 3（08）: 830-844.

［149］Cao X P. Dynamic Decomposition of Factors Influencing the Export Growth of China's Wood Forest Products ［J］. Sustainability, 2018, 8（10）: 1-16.

［150］Meng Z X. The Dynamic Growth of China's Aquatic Product Export to Thailand: Based on the CMS（Constant Market Share）Model ［J］. Proceedings of the 6th International Conference on Economics, Management, Law and Education, 2020（165）: 197-201.

［151］王如玉, 肖海峰. 中国草食畜产品进口激增的动因分析 ［J］. 干旱区资源与环境, 2022, 36（02）: 31-37.

［152］樊纲. "双循环" 与中国经济发展新阶段 ［J］. 中国经济报告, 2021（04）: 25-28.

［153］刘志彪, 凌永辉. 中国经济: 从客场到主场的全球化发展新格局 ［J］. 重庆大学学报（社会科学版）, 2020, 26（06）: 1-9.

［154］董志勇, 李成明. 国内国际双循环新发展格局: 历史溯源、逻辑阐释与政策导向 ［J］. 中共中央党校（国家行政学院）学报, 2020, 24（05）: 47-55.

［155］钱学锋, 裴婷. 国内国际双循环新发展格局: 理论逻辑与内生动力 ［J］. 社会科学文摘, 2021（03）: 49-51.

［156］李泉, 韩鹏举. "双循环" 新发展格局: 理论阐释与现实选择 ［J］. 社科纵横, 2021, 36（01）: 51-60.

［157］汤铎铎, 刘学良, 倪红福等. 全球经济大变局、中国潜在增长率与后疫情时期高质量发展 ［J］. 经济研究, 2020, 55（08）: 4-23.

［158］徐奇渊. 双循环新发展格局: 如何理解和构建 ［J］. 金融论坛, 2020, 25（09）: 3-9.

［159］王一鸣．百年大变局、高质量发展与构建新发展格局［J］．管理世界，2020，36（12）：1-13.

［160］陆岷峰．构建新发展格局：经济内循环的概念、特征、发展难点及实现路径［J］．新疆师范大学学报（哲学社会科学版），2021，42（04）：19-31.

［161］周跃辉．习近平关于"双循环"新发展格局重要论述研究［J］．中共党史研究，2021（02）：14-22.

［162］吕秀彬．国内国际双循环新发展格局探析［J］．新经济，2020（10）：46-50.

［163］中华人民共和国农产品质量安全法［N］．人民日报，2018-11-05.

［164］陈军，但斌．基于实体损耗控制的生鲜农产品供应链协调［J］．系统工程理论与实践，2009，29（03）：54-62.

［165］曹倩，邵举平，孙延安．基于改进遗传算法的生鲜农产品多目标配送路径优化［J］．工业工程，2015，18（01）：71-76.

［166］刘元春．深入理解新发展格局的科学内涵［N］．咸阳日报，2020-10-16.

［167］林毅夫．新发展格局是必然和共赢的战略选择［J］．资源再生，2020（10）：64-65.

［168］刘鹤．加快构建以国内大循环为主体国内国际双循环相互促进的新发展格局［J］．资源再生，2021（09）：51-54.

［169］任声策，杜梅，陈强．新发展格局下我国科技创新体系的适配性与路径研究［J］．经济学家，2023（02）：101-110.

［170］迟福林．以高水平开放构建"双循环"新发展格局［N］．经济参考报，2020-10-01.

［171］蒲清平，杨聪林．构建"双循环"新发展格局的现实逻辑、实施路径与时代价值［J］．重庆大学学报（社会科学版），2020，26（06）：24-34.

［172］江小涓，孟丽君．内循环为主、外循环赋能与更高水平双循环——国际经验与中国实践［J］．管理世界，2021，37（01）：1-19.

［173］William A Masters. Measuring the Comparative Advantage of Agricultural Activities: Domestic Resource Costs and the Social Cost-Benefit Ratio［J］. American Journal of Agricultural Economics，1995，2（77）：243-250.

［174］林毅夫，李永军．比较优势、竞争优势与发展中国家的经济发展［J］．管理世界，2003（07）：21-28.

［175］李勤昌．农产品贸易保护制度的政治经济学分析［D］．哈尔滨：东北财经大学，2009.

［176］Radcliffe-Brown. On Social Structure［J］. The Journal of the Royal Anthropological Institute of Great Britain and Ireland，1940（02）：70-71.

［177］Anderson. A Theoretical Foundation for Gravity Equation［J］. American Economic Review，1979，69（01）：106-116.

［178］Watts，Strogatz. Collective Dynamics of "Small-world" Networks［J］. Nature，1998（393）：440-442.

［179］Albert-László，Réka. Emergence of Scaling in Random Networks［J］. Science，1999（286）：509-512.

［180］汪小帆．网络科学导论［M］．北京：高等教育出版社，2012.

［181］冷炳荣，杨永春，李英杰等．中国城市经济网络结构空间特征及其复杂性分析［J］．地理学报，2011，66（02）：199-211.

［182］Newman. From the Cover: The Structure of Scientific Collaboration Networks［J］. Proceedings of the National Academy of Sciences of the United States of America，2001，98（02）：404-409.

［183］Uta，Melissa，Barbara，et al. The Protein Network of HIV Budding［J］. Cell，2003，114（06）：701-713.

［184］蒋小荣，杨永春，汪胜兰等．基于上市公司数据的中国城市网络空间结构［J］．城市规划，2017，41（06）：18-26.

［185］刘军．社会网络分析导论［M］．北京：社会科学文献出版社，2004.

［186］李梦楠，贾振全．社会网络理论的发展及研究进展评述［J］．中国管理信息化，2014，17（03）：133-135.

［187］Burt. Structural Holes：The Social Structure of Competition［M］．Cambridge，Mass：Harvard University Press，1992.

［188］Albert-László. Scale-Free Networks：A Decadeand Beyond［J］．Science，2009（325）：412-413.

［189］牛盾．中国农产品贸易发展三十年［N］．农民日报，2009-01-16.

［190］朱晶，李天祥，林大燕．开放进程中的中国农产品贸易：发展历程、问题挑战与政策选择［J］．农业经济问题，2018（12）：19-32.

［191］孙玉琴，曲韵，王微微等．中国对外贸易发展历程、成就与经验［J］．国际贸易，2019（09）：4-14.

［192］孙东升．经济全球化与中国农产品贸易研究［D］．北京：中国农业科学院，2001.

［193］李豪强．"新丝绸之路经济带"视域下国际物流绩效对中国农产品进口的影响研究［D］．郑州：航空工业管理学院，2020.

［194］张磊．中国对外贸易内部区域结构演进与优化研究［D］．哈尔滨：东北师范大学，2019.

［195］袁红林，辛娜．中国高端制造业的全球贸易网络格局及其影响因素分析［J］．经济地理，2019，39（06）：108-117.

［196］蒋小荣，杨永春，刘清等．多重贸易网络的空间演化特征及其影响因素——基于货物、服务和增加值贸易的比较［J］．地理科学，2021，41（08）：

1419-1427.

［197］李优树，冉丹．石油产业链贸易网络及其影响因素研究——以"一带一路"沿线国家为例［J］．经济问题，2021（09）：111-118.

［198］王介勇，戴纯，周墨竹等．全球粮食贸易网络格局及其影响因素［J］．自然资源学报，2021，36（06）：1545-1556.

［199］管靖，宋周莺，刘卫东．全球粮食贸易网络演变及其驱动因素解析［J］．地理科学进展，2022，41（05）：755-769.

［200］洪俊杰，商辉．国际贸易网络枢纽地位的决定机制研究［J］．国际贸易问题，2019（10）：1-16.

［201］曾寅初，吴金炎，夏薇．农产品国际贸易争端及其影响因素的实证研究［J］．世界经济研究，2007（03）：50-54.

［202］Henderson V. The Global Distribution of Economic Activity：Nature，History，and the Role of Trade［J］．The Quarterly Journal of Economics，2018，1（133）：357-406.

［203］Dal Bianco A. Tariffs and Non-tariff Frictions in the World Wine Trade［J］. European Review of Agricultural Economics，2016，1（43）：31-57.

［204］Andersson M. Technology and Trade—An Analysis of Technology Specialization and Export Flows［Z］. Paper in Innovation Studies，2006.

［205］Networks and the Macroeconomy：An Empirical Exploration［R］. NBER Working Paper，2015.

［206］Lane N. Manufacturing Revolutions：Industrial Policy and Industrialization in South Korea［R］. Csae Working Paper，2021.

［207］De Groot. The Institutional Determinants of Bilateral Trade Patterns［J］. Kyklos，2004，1（57）：103-123.

［208］Kaufmann D. Governance Matters Ⅷ：Aggregate and Individual Governance

Indicators 1996-2008〔R〕. World Bank Policy Research Working Paper, 2009.

〔209〕Wu G, et al. Do Self-organization and Relational Embeddedness Influence Free Trade Agreements Network Formation? Evidence from an Exponential Random Graph Model〔J〕. The Journal of International Trade & Economic Development, 2020, 8（29）: 995-1017.

〔210〕漆雁斌, 陈卫洪. 低碳农业发展影响因素的回归分析〔J〕. 农村经济, 2010（02）: 19-23.

〔211〕Kemfert. The Economic Costs of Climate Change〔J〕. Weekly Report, 2005（01）: 43-49.

〔212〕Gerlagh. Measuring the Value of Induced Technological Change〔J〕. Energy Policy, 2007（35）: 5287-5297.

〔213〕Crippa M, Guizzardi D, et al. Food Systems are Responsible for a Third of Global Anthropogenic GHG Emissions〔J〕. Nature Food, 2021, 2（03）: 198-209.

〔214〕Tyszynski H. World Trade in Manufactured Commodities: 1899-1950〔J〕. The Manchester School of Economic Social Studies, 1951, 3（19）: 272-304.

〔215〕夏晓平, 隋艳颖, 李秉龙. 中国畜产食品出口波动的实证分析——基于需求、结构与竞争力的三维视角〔J〕. 中国农村经济, 2010（10）: 77-85.

〔216〕刘钧霆, 佟继英. 我国文化产品出口贸易特征及增长因素实证研究——基于多国CMS模型的因素分解〔J〕. 国际经贸探索, 2017, 33（11）: 32-48.

〔217〕马佳, 漆雁斌. 中国畜产品贸易逆差影响因素研究——基于CMS模型的实证分析〔J〕. 农业技术经济, 2014（02）: 96-102.

〔218〕Leamer. Quantitative International Economics〔M〕. Boston: Allen & Bacon, 1970.

〔219〕Richardson D. Constant Market Shares Analysis of Export Growth〔J〕.

Journal of International Economics，1971，2（01）：227-239.

［220］Jepma. Extensions and Application Possibilities of the Constant Market Shares Analysis. The case of the developing countries' export ［R］. University of Groningen Working Paper，1986.

［221］Fogarasi. Hungarian and Romanian Agri - Food Trade in the European Union ［J］. Management，2008，1（03）：3-13.

［222］齐玮. 基于 CMS 模型的中国纺织品服装出口分析［J］. 国际贸易问题，2009（12）：16-21.

［223］周井娟. 中国虾产品国际市场竞争绩效的实证分析［J］. 国际经贸探索，2010，26（01）：48-53.

［224］孙灵燕，李荣林. 我国对外贸易地区结构变化影响因素的实证检验——基于 1995～2007 年面板数据的分析［J］. 国际经贸探索，2011，27（06）：34-39.

［225］张菀洺，张珊珊. 中国对外贸易的影响因素研究［J］. 数量经济技术经济研究，2020，37（11）：81-98.

［226］Mundell A. International Trade and Factor Mobility ［J］. The American Economic Review，1957，3（47）：321-335.

［227］Marchant M A. Trade and Foreign Direct Investment Management Strategies for U. S. Processed Food Firms in China ［J］. International Food & Agribusiness Management Review，1999，2（02）：131-143.

［228］朱万里，高贵现. 对外直接投资与农产品贸易——基于中国与亚欧中部国家的空间面板模型的实证研究［J］. 技术经济与管理研究，2021（06）：118-122.

［229］小岛清. 进口替代、出口化成功条件——雁行形态论与贸易产品生命周期理论［M］. 香港：创文社，1973

［230］Furtan W H. The Effect of FDI on Agriculture and Food Trade：An Empirical Analysis by 1987-2001 ［J］. Agricuhure Division，2008（68）：134-165.

［231］吕立才，黄祖辉. 外商直接投资与我国农产品和食品贸易关系的研究［J］. 国际贸易问题，2006（01）：25-32.

［232］乔雯，杨平，易法海. 日本对华农业直接投资与中日农产品贸易的关系研究［J］. 世界经济研究，2008（02）：74-79.

［233］Solana-Rosillo J B. International Entry Mode Decisions by Agribusiness Firms：Distribution and Market Power ［J］. American Journal of Agricultural Economics，1998，5（80）：1080-1086.

［234］曾寅初，陈忠毅. 海峡两岸农产品贸易与直接投资的关系分析［J］. 管理世界，2004（01）：96-106.

［235］王琦，田志宏. 农产品关税政策的内生性检验——基于国际数据的分析［J］. 世界经济研究，2013（03）：48-52.

［236］姜辉，吴玲玲. 农产品关税管制的贸易效应研究——以大豆为例［J］. 价格月刊，2020（12）：29-35.

［237］林毅夫. 双循环的深意与落实中的关键点［J］. 中国中小企业，2021（02）：69-71.

［238］孙灵燕，李荣林. 我国对外贸易地区结构变化影响因素的实证检验——基于1995～2007年面板数据的分析［J］. 国际经贸探索，2011，27（06）：34-39.

［239］屈大磊. 我国对外贸易国别（地区）结构的长周期演变研究［J］. 商业经济研究，2019（18）：140-144.